人口減少を乗り越える

縦割りを脱し、市民と共に地域で挑む

藤本健太郎

法律文化社

はじめに

　人口が減少し、あなたのまちが消えてしまうかもしれない。
　近年、いわゆる増田レポートや地方創生の議論を契機として、人口減少は国だけではなく地方や地域の政策課題としても注目されるようになっている。しかし、危機感が広まっているかといえば、そうでもないように思われる。
　人口減少が進む地域の実態はどうなっているのか、筆者は静岡県立大の事業に参加して2015年から16年にかけて静岡県伊豆市の実態を調査した。すると、出生数が大きく落ち込み、想像以上に事態が深刻なことが分かった。その後、全国のデータを調べてみると、筆者が考えていた以上に出生数の減少は進んでおり、2013年の出生数が10人未満の自治体の数は77にのぼっていた。
　筆者は厚生労働省を辞して以来、少子化対策を研究テーマの一つとしてきたが、伊豆半島における調査をきっかけとして、地域の人口減少対策を研究するようになった。子どもの減少する地域では、全国的に注目されている待機児童の問題はないが、逆に保育所が赤字になって閉所してしまう問題がある。いずれは小中学校の存続も難しくなり、子どもを育てることのできない地域になることが懸念される。まちの消滅は、現実に目の前にある危機として認識される必要がある。このため、出生数の減少した自治体の名前を出すことに怯みはあったが、もともと公表されている資料に基づくものであり、危機感を広く共有してもらうために、本書には77の自治体のリストも掲載した。
　本書は、従来の少子化対策の問題点を確認し、人口減少が進むまちの厳しい現状をみた後に、どうすれば存続できるのか探ることをテーマとしている。本書では「まち」とは合併が進んだ現在の市町村ではなく、いわゆる「旧3,000市町村」を念頭に置き、「地域」という言葉をあてて論じている。自治体は合併することにより消滅しなくても、まちは消えてしまうおそれがあるからである。
　人口減少対策は、もちろん国の重要な政策課題である。しかし、既に若年人口を奪い合う競争は地域間で始まっており、また地域でなければ講じられない

i

対策もある。国の対策をただ待つという姿勢では、その地域に明るい展望は開けないだろう。

　執筆を始めた当初は、地域における人口減少対策としては、国の従来の少子化対策において不十分であった経済的支援を強化することなどを考えていた。しかし、調査を進めるうちに、人口が減少しつつある自治体では税収は落ち込んで新規施策は難しく、人材も乏しいという現状を突きつけられた。知人には、こうした地域で独自の対策を進めることは無理ではないかとも言われた。

　それでも考察を続け、子どもは減少しても高齢者は多い地域は多いことから、世代を超えた在宅ケアを展開することによって保育の機能を維持することに思い至った。また、子どもが小学校に入ると仕事と両立できなくなる「小一の壁」で知られるように、就学前の保育だけではなく就学後の育児支援も重要であることから、学童保育を充実すること、さらにPTA活動の負担軽減など幅広い両立支援策の充実を考察した。人口減少が進む地域では労働力人口の減少も深刻であることから、両立支援を推進することは狭義の少子化対策としてだけではなく、生産年齢人口が減少する中で労働力人口の減少を緩和する対策としても重要であると考えられる。調査を進めるうちに、PTAの負担軽減などは保守的な地域では難しいという声も聞いたが、財源も人材も乏しい人口減少地域において困難な状況を打破するためには、従来の縦割りを越えて、実施可能な育児支援策はすべて行う姿勢が必要であるだろう。

　また、人口減少が進む地域では自治体の力だけでは十分な対策を講じることは困難であるため、公私連携の推進も対策の柱となると考えた。研究を進めるうちに、部長から保健師に至るまで、市民の力を借りるという意識が徹底している自治体を調査することができた。また、地方の人材不足については、都市部のサラリーマンの職業能力を活かしたボランティア活動を地方で展開する事例に接することができた。工夫をすれば、人口減少地域でも公私連携の推進は可能である。

　そして、若年人口の都市部への過剰な流出を止め、逆に都市部から地方に移住してもらうためにどうすれば良いか悩んだ結果、待機児童問題や医療ケアの不足など首都圏では育児や介護と仕事の両立が困難であることから、育児や介護をしながら働く人たちに地方に移住してもらうことが望ましいと考えるに

はじめに

至った。地方では仕事がないと思われがちであるが、人口減少に伴い、全国的に人手不足になりつつある。

こうして、どうにか筆者なりに地域における人口減少対策をまとめることができたが、その過程において、多くの方のご協力を得た。

東京大学のサークルの先輩であり、現在は総務省から新潟大学経済学部教授に就いている宍戸邦久氏には本書の全体にわたり議論をしていただき、多くの貴重な意見を頂いた。

2017年春まで厚生労働省雇用均等・児童家庭局に在籍して保育行政に詳しい静岡市の加藤正嗣理事には、子ども・子育て支援新システムに関して多くの助言を頂いた。

また、筆者の古巣である厚生労働省の先輩である同志社大学政策学部の井上恒男教授には、本書の構成について貴重な示唆を頂いた。

さらに、山口県立徳山高校の先輩である㈱みうら取締役副社長の三浦和久氏には公私ともにお世話になっているが、JCのメンバーと年金による育児支援について議論した際の経緯を確認させていただいた。

静岡県立大学藤本ゼミの諸君には、人口減少に関するプロジェクトに参加してもらい、何度もディスカッションをしてもらった。

なお、本書の一部は、平成27・28年度の日本医療研究開発機構の長寿科学開発事業による補助事業「地域包括ケアシステム構築に向けた地域マネジメント力の強化手法ならびに地域リーダー養成プログラムの開発に関する研究」の成果によるものである。

法律文化社の小西英央氏には、出版企画の段階から貴重な助言を頂き、執筆の遅れる筆者を温かく見守っていただき、拙い原稿を丁寧にチェックしていただくなど、大変お世話になった。

そして、本書の内容全般について相談相手となり執筆を支えてくれた妻と、いつも笑顔で癒してくれた娘に感謝したい。

2017年11月

藤本　健太郎

目 次

はじめに

序 章 人口減少社会の到来 —— 1
日本の人口減少の現状／日本の少子化対策は十分だったのか／到来しなかった第三次ベビーブーム／人口減少対策は国に任せておけば良いのか

第1章 人口減少地域の現状 —— 19
地方の人口減少は本当に深刻なのか／全国の自治体の出生数減少の状況

第2章 人口減少地域の課題と対策の方向性 —— 34
地方の人口減少と都市部の人口減少／人口減少を防いでいる地域／人口減少対策の方向性／先行研究の整理と用語の確認

第3章 保育サービスの充実 —— 52
　　　——重い自己負担、待機児童と保育所閉所、小一の壁
なぜ保育の充実が必要なのか／都市部の待機児童問題／人口減少地域では保育サービスの存続が課題／重い保育料の利用者負担／「小一の壁」の防止／育児の孤立を防ぐ

第4章 育児の経済的支援 —— 86
　　　——高齢者に偏重する社会保障、重い教育費負担
経済的な余裕のない育児世代／育児の経済的負担と支援策／地域における育児の経済的支援

目次

第5章 人口減少対策としての地域包括ケア ———————— 119
地域包括ケアの現状／ダブルケアへの対応／家族介護者のニーズに着目したケア／市民と連携した地域包括ケアシステム／介護の社会的孤立／静岡県の市民中心の居場所づくり

第6章 制約社員の働きやすい地域づくり ———————— 137
——縦割りを越えた包括的な両立支援

制約社員の人口減少地域への移住促進／増加する制約社員／都市部よりも地方が優れている点／労働市場の流動化／縦割りを越えた総合的な地域の両立支援／人が循環する社会へ／ワーク・ライフ・バランスから派生する効果

第7章 人口減少を防ぐためのまちづくり ———————— 161
コンパクトシティの光と影／持続可能なまちづくり／ハードとソフトの融合したまちづくり／「タウンアイデンティティ」の確立

第8章 提 言 ———————————————————— 176
——縦割りを越える、市民の力を借りる

縦割りを越える／市民の力を借りる／地域から国を変える

参考文献

序　章

人口減少社会の到来

　近年、人口減少が大きく注目されている。
　日本の総人口が減少する主な理由は、生まれてくる子どもの数が少なくなる少子化である。しかし、少子化自体は新しい課題ではなく、むしろ聞き慣れた言葉である。ひのえうまに関する迷信の影響のために前後の年より大きく合計特殊出生率が低かった1968年の1.58を下回り、当時戦後最低の数字となった、いわゆる1.57ショックは平成元年の出来事である。
　それではなぜ人口減少が大きく注目されているかといえば、労働力人口の大幅な減少が現実味を帯びてきたことに加え、地方への影響についての危機意識が広まったことによると思われる。日本の総人口が減少すれば地域の人口も減少するのは自明なことではあり、市町村別の将来推計人口は従来から公表され、国でも地方でも行政機関では問題は認識されていたと思われるが、従来は合計特殊出生率にしても出生数にしても、国全体の数字が議論されることが多かった。しかし、増田寛也氏を中心とする民間の政策提言機関である日本創生会議・少子化問題検討分科会は2014年に「ストップ少子化・地方元気戦略」（以下、増田レポートと呼ぶこととする。）を発表し、896の自治体は消滅する可能性があると指摘した。
　すなわち、このままでは、あなたの町が消えてしまうと警鐘を鳴らしたのである。

　人口減少は国だけではなく地域の課題であるという危機感が広まり、地方創生の主要な課題は人口減少対策であるとされ、各地で人口減少対策が議論されている。しかし、詳細は後述するが、日本では少子化対策を講じるべきタイミングを逃してしまっており、人口減少の流れを緩和することは容易ではないと思われる。本当に人口減少対策を講じようとするのであれば、従来の発想を超

えて「行政における縦割り」を打破し、さらに「公私の連携」によって市民の力を引き出す必要があると筆者は考えている。

このため、本書においては、保育サービスの充実などの従来型の少子化対策にとどまらず、地域包括ケアにも人口減少防止の視点を盛り込み、従来の社会保障政策における対象者ごとの縦割りを越えて統合された在宅ケアを推進し、さらには社会保障政策の枠組みを越えて、「まちづくり」や「働き方改革」など幅広い政策分野を連動させることを提言する。さらに、人材も資金も不足しがちな人口の減少する地域において、行政機関だけが人口減少対策を担うのではなく、公私が対等の立場で連携することによって市民の力を発揮してもらうような、新しい地域の人口減少対策を提言したい。

1　日本の人口減少の現状

本書では地域に焦点をあてるが、最初に、日本全体の人口減少の現状を確認しておきたい。

2017（平成29）年の国立社会保障・人口問題研究所の将来人口推計（死亡中位推計、出生率中位仮定）（以下「2017年将来人口推計」と呼ぶ。）によれば、総人口は2015年には1億2,709万人であったが、2050年には、その約7割の8,808万人にまで減少すると見込まれている。出生低位推計、出生高位推計も含めた2017年の将来人口推計の概要は、以下の表のとおりである。

人口の将来推計については、これまでは高齢化の側面が強調されてきた。確かに団塊の世代が高齢者入りをして老齢人口が増大することに伴い、老齢年金給付や医療費が増大することは、重要な政策課題である。総人口が減少するにつれて、いずれ老齢人口も減少するが、それ以上に子どもや現役世代が減少することが予測されているため、引き続き高齢化率は上昇を続ける。2015年の高齢化率は26.6％であるが、2017年将来推計人口では、2060年には38.1％と4割近くにまで上昇すると見込まれている。

しかし、人口の将来推計については、生産年齢人口の大幅な減少にも注目しなければならないと筆者は考えてきた。

生産年齢人口（15～64歳）は戦後一貫して増加を続けてきたが、1995年の

序　章　人口減少社会の到来

図表 0-1　日本の将来人口推計（2017（平成29）年推計）「結果および仮定の要約」

推計結果の要約（死亡中位推計）

出生率仮定 [長期の合計特殊 出生率]		中位仮定 [1.44]	高位仮定 [1.65]	低位仮定 [1.25]	平成24年推計 中位仮定 [1.35]
死亡率仮定 [長期の平均寿命]		死亡中位仮定 [男=84.95年]　[女=91.35年]			男=84.19年 女=90.93年
総人口	平成27（2015）年	12,709万人 ↓	12,709万人 ↓	12,709万人 ↓	12,660万人 ↓
	平成52（2040）年	11,092万人 ↓	11,374万人 ↓	10,833万人 ↓	10,728万人 ↓
	平成72（2060）年	9,284万人	9,877万人	8,763万人	8,674万人
	平成77（2065）年	8,808万人	9,490万人	8,213万人	[8,135万人]
年少（0〜14歳）人口	平成27（2015）年	1,595万人 12.5% ↓	1,595万人 12.5% ↓	1,595万人 12.5% ↓	1,583万人 12.5% ↓
	平成52（2040）年	1,194万人 10.8% ↓	1,372万人 12.1% ↓	1,027万人 9.5% ↓	1,073万人 10.0% ↓
	平成72（2060）年	951万人 10.2%	1,195万人 12.1%	750万人 8.6%	791万人 9.1%
	平成77（2065）年	898万人 10.2%	1,159万人 12.2%	684万人 8.3%	735万人 9.0%
生産年齢（15〜64歳）人口	平成27（2015）年	7,728万人 60.8% ↓	7,728万人 60.8% ↓	7,728万人 60.8% ↓	7,682万人 60.7% ↓
	平成52（2040）年	5,978万人 53.9% ↓	6,081万人 53.5% ↓	5,885万人 54.3% ↓	5,787万人 53.9% ↓
	平成72（2060）年	4,793万人 51.6%	5,142万人 52.1%	4,472万人 51.0%	4,418万人 50.9%
	平成77（2065）年	4,529万人 51.4%	4,950万人 52.2%	4,147万人 50.5%	4,113万人 50.6%
老年（65歳以上）人口	平成27（2015）年	3,387万人 26.6% ↓	3,387万人 26.6% ↓	3,387万人 26.6% ↓	3,395万人 26.8% ↓
	平成52（2040）年	3,921万人 35.3% ↓	3,921万人 34.5% ↓	3,921万人 36.2% ↓	3,868万人 36.1% ↓
	平成72（2060）年	3,540万人 38.1%	3,540万人 35.8%	3,540万人 40.4%	3,464万人 39.9%
	平成77（2065）年	3,381万人 38.4%	3,381万人 35.6%	3,381万人 41.2%	3,287万人 40.4%

注：平成24年推計の平成77（2065）年の数値（括弧内）は長期参考推計結果による。
出所：国立社会保障・人口問題研究所（2017）「日本の将来推計人口（平成29年推計）」

8,726万人をピークとして減少を始めている。2017年将来推計人口によれば、2015年には7,728万人になっていると予測されており、今後さらに減少を続け、2040年には6,000万人を割り込んで5,978万人となり、2060年には5,000万人を下回って4,793万人にまで減少すると予測されている。

　生産年齢人口がここまで急速に減少すると、実際に働いている人口である労働力人口も大幅に減少することが懸念される。労働力人口の減少は財政再建に暗い影を落とし、社会保障制度の持続可能性を揺るがすおそれがある。

　さらに、仮に出生動向が今後回復したとしても、生産年齢人口の増加につながるのは15年後であり、実際には中卒で働く人が少ないことを考えれば、労働力人口にプラスの影響が生じるまでに20年前後かかると考えるべきである。

　人口減少については、長期的に緩やかに減少するのであれば、むしろ望ましいという議論もあるが[1]、短期間で大幅に人口が減少することには懸念を禁じえない。既に世界でも最も進んだ高齢化が一段と進行し、税や社会保険料を負担する生産年齢人口が数十年のうちに大幅に減少することは、日本社会にとって、やはり大きな問題であるだろう。

　それでは、どのような対策を講じれば良いのだろうか。

　日本の生産年齢人口は急速に減少することが見込まれているが、生産年齢人口がそのまま労働力人口になるわけではない。生産年齢人口が15歳から64歳までと年齢の幅が広いこともあるが、日本は他の先進国と比べ、女性の就業率が低いという問題がある。OECDの「雇用アウトルック2013」によれば、日本の25～54歳の働き盛り世代の男性の就業率は92％と高く、OECD加盟国の中でもスイスに次いで2位である。しかし、同じ世代の女性の就業率は69％と低く、スイスやオーストリア、ノルウェーなどは女性の就業率が80％を超えていることから、日本は国際的にみて、男女の就業率の差が大きい国ということになる。

　日本の女性の就業率の低さはIMFのエコノミストも指摘しており、スタインバーグ・中根（2012）は、日本の女性の労働参加をG7（日本とイタリアを除く）のレベルに引き上げられれば1人あたりGDPはベースシナリオに比べ約4％増え、さらに北欧レベルに引き上げられれば1人あたりGDPはさらに4％増えることが可能になると指摘し[2]、日本は働く母親に対してより手厚いサ

ポートをすべきであることなどを提言している。[3]

　日本の女性の就労状況については、いわゆるM字カーブが解消されていないことが知られている。2015（平成27）年の国民生活基礎調査によれば、女性の年齢階級別の労働力率は25～29歳で79.4％、45～49歳で77.2％であるのに対し、M字の底となる30～34歳では70.5％である。近年、M字の底は浅くなりつつあるが、北欧諸国のような台形のカーブにはなっていない。その主な原因は、出産を機に女性が仕事を辞めることにあると考えられるため、女性の就業を促進するためには、育児と仕事の両立を支援することが必要である。

　育児と仕事の両立支援は出生動向の回復にもつながると考えられることから、非常に重要な政策課題である。政府が女性の輝く社会を優先的な課題としていることは、以上のような状況を考えれば、当然のことと考えられる。

　また、育児と同様に仕事との両立が困難な事由としては、介護もある。藤本（2012：47）においても指摘したが、今日では男性介護者も増加しており、介護と仕事の両立は女性だけの問題ではない。[4]

　育児、介護と仕事の両立支援については、保育サービスの拡充や育児休業・介護休業制度の整備などの対策も講じられているが、人間関係が希薄化したことに伴い、周囲に協力者をみつけることが難しくなっており、育児や介護と仕事の両立は従来よりも困難になっていることに留意しなければならない。後述するが、仕事との両立支援においては、こうした社会的孤立の対策も必要であると考えられる。

　2017年将来推計人口において見込まれているように、生産年齢人口がピーク時の約8,000万人から2060年には5,000万人未満にまで減少してしまうと、M字カーブを解消して女性の就業率が上がったとしても、労働力人口の大幅な減少は避けられないだろう。また、高齢者の就業率を上げることも議論されているが、高齢人口の中でも75歳以上人口の比率が上がることに留意しなければならない。2017年将来推計人口によれば、2015（平成27）年の総人口に対して65～74歳人口の占める割合は13.8％であり、75歳以上人口の占める割合12.8％より高い。しかし、10年後の2025年には総人口に対して65～74歳人口の占める割合は12.2％に低下する一方、75歳以上人口の占める割合は17.8％に上昇し、両者の割合は逆転すると見込まれている。さらに2060年には総人口に対して

65〜74歳人口の占める割合は12.4％であるのに対し、75歳以上人口の占める割合は25.7％にまで上昇すると見込まれている[5]。すなわち、2060年には高齢人口の約3分の2は75歳以上になると予測されている。何歳まで働けるかということは今後の医療の発達にもよるが、75歳以上人口の比率が急速に上昇することが予測されることから、将来にわたって高齢者の就労に多くを期待することは難しいと考えられる。

このため、出生動向を回復させて人口減少を防ぐ対策は、やはり重要な政策課題ということになる。

また、ここまで国の視点で述べてきたが、地方の視点から人口減少を捉えて話題になったのが、上述した増田レポートである。増田レポートの特徴の一つは、生まれる子どもの95％は20〜39歳の女性の出産によることから、人口の再生産を中心的に担う20〜39歳の「若年女性人口」の減少に着目したことにある[6]。また、もう一つの特徴は、都会への人口流出が止まらないと仮定したことである。国立社会保障・人口問題研究所の従来の推計は人口移動が将来に一定程度収束することを前提としていたが、増田レポートでは、地方から東京への人口の流入が止まらないと仮定した[7]。その結果、2010年から2040年までの間に20〜39歳の若年女性人口が5割以下に減少する市区町村数は896にのぼり、この896の自治体が「消滅可能性都市」としてリストアップされた[8]。

全国の自治体のほぼ半数である896もの自治体が消滅する可能性があるという警告は、これまで人口減少は国の問題としてきた、あるいはあえて直視してこなかった地方に大きなショックを与え、具体的に名前を挙げられた自治体では対応を迫られることになった。

これに対し、政府では「まち・ひと・しごと長期創生ビジョン」(2014年12月27日閣議決定)が策定され、若い世代の結婚・子育てに関する希望が実現すると合計特殊出生率は1.8程度に向上し、2060年に1億人程度の人口が確保されるという見通しが示された[9]。

過度の悲観も避けなければならないが、留意しなければならないのは、2060年に1億人という将来人口はあくまでも目標であり、従来の将来推計人口の延長線上で修正したものではないことである。実際、その後に行われた2017年の将来推計人口の中位推計では、上述のとおり、2060年には総人口は9,284万人

にまで減少すると見込まれている。

　日本では、これまで長期的な少子化傾向を覆せなかったことから、合計特殊出生率1.8という目標は決して容易ではない。政府も民間も全力を尽くして初めて何とかなるかもしれない数字と捉えるべきである。

　もちろん、子どもを産むかどうか、あるいは結婚するかどうかは極めて個人的な事柄であり、人口減少がいくら深刻であっても、子どもを持つように若い世代にプレッシャーをかけるようなことはあってはならない。ただし、日本の現状では、理想の子ども数を経済的理由などによって断念している人が多いこと[10]から、育児を支援する環境が整えば、出生動向が回復することが期待できる。しかし、若い世代の希望がかなった場合の合計特殊出生率が「まち・ひと・しごと長期創生ビジョン」にうたわれている希望出生率1.8であるが、この希望出生率1.8が実現したとしても、現在の総人口が維持されるわけではなく、総人口は2060年には約1億人であり、長期的には9,000万人程度で概ね安定的に推移すると推計されている[11]。すなわち、最も人口減少対策がうまくいった場合であっても、人口がある程度減少することは避けられない。

　一方、人口が減少すること自体は、過度に恐れる必要はないという指摘がある。鬼頭宏（2000）や広井良則（2013）は、人口減少にもメリットがあることを述べている。人口が緩やかに減少することは、鬼頭が指摘するように、石油の消費量が減少するなど環境面のメリットもあり、また、通勤ラッシュ時の道路渋滞や満員電車が緩和され、土地が安価になることによって住宅の購入が容易になるなど、生活面のメリットもあると期待される。さらに吉川洋（2016）は、人口、労働力が減少するから経済成長は不可能だという議論は短絡的過ぎると批判し[12]、先進国の経済成長は人の数で決まるものではなく、イノベーションによって引きおこされることを指摘している[13]。

　問題なのは、人口が減少すること自体ではなく、あまりにも急速に人口が減少することである。このため、政策目標として目指すべきなのは、人口を再び無理に増加させようとすることではなく、育児支援の充実などによって人口減少のスピードを緩和することであると考えられる。

2 日本の少子化対策は十分だったのか

ここまで、日本の人口減少が非常に急速に進むことが懸念され、特に生産年齢人口の急速な落ち込みが生じることを述べた。それでは、なぜここまで深刻な状況に陥ったのだろうか。

これまでに、出生動向を回復しようとする対策は行われなかったわけではない。いわゆる1.57ショック以来、エンゼルプランを始めとして、新エンゼルプランなど累次の少子化対策が打ち出されている。では、少子化傾向に歯止めがかからなかったのは、これらの少子化対策が計画通りに進まなかったからだろうか。

実は、これらの少子化対策は、順調に遂行されてきた。

以下に掲げるのは、新エンゼルプランの進捗状況を示した表である（図表0-2）。

図表0-2のとおり、新エンゼルプランについては、延長保育の推進や休日保育の推進などは、むしろ目標値を上回っていた。

それでは、どこに問題があったのだろうか。

エンゼルプランおよび新エンゼルプランでは、保育所の定員の増加や延長保育を行う保育所の拡大など、保育サービスの拡充が中心であった。実は、どちらのプランにも保育園の自己負担の軽減や児童手当の充実など、育児の経済的負担は含まれていない。そして、その後の累次の対策においても待機児童の解消に力点が置かれ、多額の予算を必要とする育児の経済的支援は盛り込まれてこなかった。このため、従来の少子化対策は、必ずしも大きな新規の予算措置を伴っていない。このことは、後述するように日本の社会保障の給付が高齢者に偏重し、世代間のバランスが崩れた一因にもなっていると考えられる。

日本では、1.57ショックによって少子化の問題が認識されてから、いくつかのプランを作成して少子化対策が講じられてきたが、予算の十分な拡大は行われてこなかったのである。その結果として、以下の図のとおり、日本の社会支出に占める家族関連給付の割合が欧州諸国よりも低い。

図表0-3に示されている家族関係社会支出は、現金給付と現物給付に大別さ

れる。

　現金給付については、第4章で詳しく述べるが、欧州諸国の児童手当は所得制限がなく、金額も日本よりも大きい[14]。また、現物給付については、第3章で詳しく述べるが、代表的な就学前教育である保育のランニングコストについて、2015年3月までの旧制度では、自己負担は最大で10割であった[15]。保育料は応能負担の考え方によっているため、収入の高い世帯に限られるが、保育にかかるランニングコストをすべて自己負担するケースがあった。社会保障給付の自己負担割合ということでいえば、医療も介護も、いずれも最大で3割負担である。保育は負担能力に応じて負担額が決まる応能負担であり、医療と介護は受益に応じて負担額が決まる応益負担であるために単純な比較はできないが、旧制度の保育では自己負担割合は最大で10割、平均で約4割であり、社会保障給付の中でも自己負担割合が際立って高かった。

　2015（平成27）年4月から実施された子ども・子育て支援新制度においては、親の負担する保育料は、国が定めた上限の範囲内で自治体が決めることとされている。国の定める保育料の上限に保育料を設定した場合、自己負担は保育の基本的なランニングコストである給付単価を限度とされていることから[16]、最大の負担割合としては給付単価を10割負担するケースがありえる。しかし、自治体の判断によって負担軽減することは可能となっている。

　少子化対策に多額の予算が投入されてこなかったことは政治や行政の問題であるが、世論も少子化対策に冷たい印象がある。子ども手当がばらまき批判を受けて撤回されるなど、日本では子育ては親の責任で行うものであり、お金をかけても子どもは増えないという意見は根強く、手厚い育児支援策が必要であることへの理解は広がってこなかった。

　その結果として、日本の社会保障は高齢者に偏重し、若い世代の比重が低い歪な構造になってしまっている。そのことは筆者も指摘してきたが[17]、2013年には社会保障改革国民会議の報告書において、世代間のバランスが取れていないことが認められた。政府の報告書において、これまでの政策のバランスの悪さを率直に認めることは容易なことではなく、関係者の努力に敬意を表したい。

　人口減少は労働力人口の大幅な減少をもたらし、経済成長のマイナス要因となり、税や社会保険料を負担する人口が減少することは財政や社会保障政策の

図表0-2　新エンゼルプラン

	平成12年度	平成13年度
低年齢児受入れの拡大	(59.3万人) 59.8万人	(62.4万人) 61.8万人
延長保育の推進	(8,052ヶ所) 8,000ヶ所	(9,431ヶ所) 9,000ヶ所
休日保育の推進	(152ヶ所) 100ヶ所	(271ヶ所) 200ヶ所
乳幼児健康支援一時預かりの推進	(132市町村) 200市町村	(206市町村) 275市町村
多機能保育所等の整備	(333ヶ所) 305ヶ所 [11'補正88ヶ所] 計393ヶ所	(291ヶ所) 298ヶ所 [12'補正88ヶ所] 累計779ヶ所
地域子育て支援センターの整備	(1,376ヶ所) 1,800ヶ所	(1,791ヶ所) 2,100ヶ所
一時保育の推進	(1,700ヶ所) 1,800ヶ所	(3,068ヶ所) 2,500ヶ所
ファミリー・サポート・センターの整備	(116ヶ所) 82ヶ所	(193ヶ所) 182ヶ所
放課後児童クラブの推進	(9,401ヶ所) 9,500ヶ所	(9,873ヶ所) 10,000ヶ所
フレーフレー・テレフォン事業の整備	(39都道府県) 39都道府県	(43都道府県) 43都道府県
再就職希望登録者支援事業の整備	(24都道府県) 24都道府県	(33都道府県) 33都道府県
周産期医療ネットワークの整備	(14都道府県) 13都道府県	(16都道府県) 20都道府県
小児救急医療支援事業の推進	(51地区) 240地区	(74地区) 240地区
不妊専門相談センターの整備	(18ヶ所) 24ヶ所	(24ヶ所) 30ヶ所
子どもセンターの全国展開　※1	(725ヶ所) 730ヶ所	(983ヶ所) 1,095ヶ所
子ども放送局の推進　※2	(1,606ヶ所)	(1,894ヶ所)
子ども24時間電話相談の推進　※4	(21都道府県) 31都道府県	(14都道府県) 31都道府県
家庭教育24時間電話相談の推進　※4	(35都道府県) 32都道府県	(25都道府県) 31都道府県
総合学科の設置促進　※2	(144校)	(163校)
中高一貫教育校の設置促進　※2	(17校)	(51校)
「心の教室」カウンセリング・ルームの整備　※3	(8,467校)	―

注：1．平成12年度、13年度、14年度及び15年度の上段（　）が実績、下段が予算。
　　2．待機児童ゼロ作戦を推進するため、16年度においては、保育所の受入れ児童数を約5万人増加させること
　　3．多機能保育所等の整備の16年度目標値累計2,000か所及び16年度の総計［　］については、少子化対策臨時
　　4．※1　子どもセンターの全国展開の目標値については、11年度から13年度までの「全国子どもプラン（緊
　　5．※2　子ども放送局の推進、総合学科の設置促進及び中高一貫教育校の設置促進については、実績のみ記
　　6．※3　「心の教室」カウンセリング・ルームの整備については、12年実績のみ記載。13年度以降は市町村
　　7．※4　子ども24時間電話相談の推進及び家庭教育24時間電話相談の推進については、事業終期の到来によ
出所：厚生労働省ホームページ（http://www.mhlw.go.jp/houdou/2004/09/h0903-4e.html#top）（2017年7月10日閲

序　章　人口減少社会の到来

の進捗状況

平成14年度	平成15年度	平成16年度	目標値	
(64.6万人) 64.4万人	(67.1万人) 67.4万人	70.4万人	16年度	68万人
(10,600ヶ所) 10,000ヶ所	(11,702ヶ所) 11,500ヶ所	13,100ヶ所	16年度	10,000ヶ所
(354ヶ所) 450ヶ所	(525ヶ所) 500ヶ所	750ヶ所	16年度	300ヶ所
(251市町村) 350市町村	(307市町村) 425市町村	500市町村	16年度	500市町村
(345ヶ所) 268ヶ所 [13'1次補正83ヶ所] [13'2次補正76ヶ所] 累計1,206ヶ所	(372ヶ所) 268ヶ所 [14'次補正48ヶ所] 累計1,522ヶ所	268ヶ所 累計1,790ヶ所 総計[2,180ヶ所]	16年度 までに	2,000ヶ所
(2,168ヶ所) 2,400ヶ所	(2,499ヶ所) 2,700ヶ所	3,000ヶ所	16年度	3,000ヶ所
(4,178ヶ所) 3,500ヶ所	(4,959ヶ所) 4,500ヶ所	5,000ヶ所	16年度	3,000ヶ所
(262ヶ所) 286ヶ所	(301ヶ所) 355ヶ所	385ヶ所	16年度	180ヶ所
(10,606ヶ所) 10,800ヶ所	(11,324ヶ所) 11,600ヶ所	12,400ヶ所	16年度	11,500ヶ所
(47都道府県) 47都道府県	(47都道府県) 47都道府県	47都道府県	16年度	47都道府県
(47都道府県) 47都道府県	(47都道府県) 47都道府県	47都道府県	16年度	47都道府県
(20都道府県) 28都道府県	(24都道府県) 37都道府県	47都道府県	16年度	47都道府県
(112地区) 300地区	(158地区) 300地区	300地区	13年度	360地区 (2次医療圏)
(28ヶ所) 36ヶ所	(36ヶ所) 42ヶ所	47ヶ所	16年度	47ヶ所
—	—	—		1,000ヶ所 程度
(2,093ヶ所)	(2,212ヶ所)			5,000ヶ所 程度
(6都道府県) 15都道府県	—	—		47都道府県
(7都道府県) 12都道府県	—	—		47都道府県
(186校)	(220校)		当面	500校程度
(73校)	(118校)		当面	500校程度
—	—	—	12年度 までに	5,234校を 目途

としている。
時特例交付金による計画数390か所を含む。
急3ヵ年戦略)」において策定。13年度で新規の設置は終了。
載。
村の整備計画に応じて整備。
り終了。
覧)

11

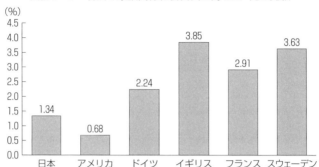

図表0-3　各国の家族関係社会支出の対GDP比の比較

資料：国立社会保障・人口問題研究所「社会保障費用統計」(2014年度)
注：1．家族関係社会支出…家族を支援するために支出される現金給付及び現物給付(サービス)を計上。計上されている給付のうち、主なものは以下のとおり(国立社会保障・人口問題研究所「社会保障費用統計」巻末参考資料より抜粋)。
　　・児童手当：給付、児童育成事業費等
　　・社会福祉：特別児童扶養手当給付費、児童扶養手当給付諸費、児童保護費、保育所運営費等
　　・協会健保、組合健保、国保：出産育児諸費、出産育児一時金等
　　・各種共済組合：出産育児諸費、育児休業給付、介護休業給付等
　　・雇用保険：育児休業給付、介護休業給付
　　・生活保護：出産扶助、教育扶助
　　・就学援助・就学前教育：初等中等教育等振興費、就学前教育費(OECD Education Database より就学前教育費のうち公費)
　2．日本は2014年度、アメリカ、ドイツ、イギリス、フランス、スウェーデンは2013年度
出所：内閣府ホームページ (http://www8.cao.go.jp/shoushi/shoushika/data/gdp.html (2017年7月10日閲覧))

安定性に影を落とす。また、国力が低下することに加え、身近な問題として、多くのまちが消えてしまうかもしれない。最近になり、このような人口減少のもたらす問題が各方面で取り上げられ、世論の認識も深まりつつあるように思われる。このため、少子化対策の予算を増額しやすくなるのではないか、率直な表現に言い換えれば、他人の子育てに自分の税金が使われるのは嫌だという意見が弱まるのではないかと筆者は期待している。

　一方、予算をつぎこんでも子どもは増えないのではないかという意見も根強く、また、少子化には政策の要因だけではなく景気の動向など多くの要素が絡むことも確かではある。しかし、育児支援など家族給付に予算を配分したフランスやスウェーデンでは出生動向は回復している。フランスの出生動向の回復

には、充実した育児支援策が一定の効果をもたらしていることに、今では否定的な見解を述べる人は少ない。しかし、フランスでも、数字で示せるような具体的な効果を想定して充実した育児支援策が講じられたわけではない。

福島都茂子（2015）はフランスの家族政策の沿革について詳しく調査した労作であるが、実際に家族政策が出生力増加に対して効果があるかどうかについては、論者によって意見が分かれると述べている[18]。そのうえで、出生率の動向にはさまざまな要因が影響を及ぼしており、特定の家族政策の効果を測定することは不可能であるが、全く効果をもたらさないと結論づけることはできないという立場をとっている。そして、家族政策に力を入れた当時のフランスの政策決定者たちは、家族政策が出生率上昇に効果があると信じて家族政策を推進したと述べている[19]。

すなわち、フランスの政策決定者たちは、家族政策の充実が出生動向を回復するという具体的な効果の予測は無かったが、その効果を信じて家族政策を推進したことになる。一方、日本では、予算をかければどれだけ出生動向が回復するかどうか明示はできないことを理由として、フランスのような大規模な予算を投入した育児支援策は行われてこなかった。

子どもは授かりものであり、育児支援策については、公共事業における乗数効果のように、具体的な数字で出生動向の回復効果を示すことはできない。それでも効果を信じて対策を講じたフランスと、効果を信じられなかった日本とで、今日の出生動向の違いが生じたという見方もできる。

人口減少に本当に歯止めをかけようとするのであれば、これまで講じられた少子化対策は必ずしも十分ではなかったことを認めたうえで、今後、育児の経済的支援策に予算も十分に投入し、可能な限り充実した対策を講じていく必要があると考える。

このような問題意識に基づき、本書では、従来の対策を少子化対策と呼び、これから講じられるべき対策を人口減少対策と呼ぶこととする。

3　到来しなかった第三次ベビーブーム

ここまで、従来の少子化対策の問題点を論じた。それでは、これから人口減

図表 0-4　2010年の日本の人口ピラミッド

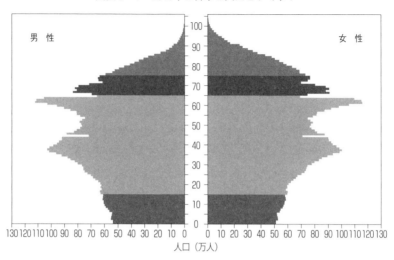

資料：1920～2010年：国勢調査、推計人口、2011年以降：「日本の将来推計人口（平成24年1月推計）」。
出所：国立社会保障・人口問題研究所

少対策を充実して、出生数の増加を図ればよいのだろうか。残念ながら、日本において出生数の増加を図ることは容易ではない。そのことは、人口ピラミッドを見れば分かる。

　2010年の人口ピラミッドをみると、最も年齢あたりの人口が多いのは第一次ベビーブーマー、いわゆる団塊の世代である。そして、その次に年齢当たりの人口が多いのは、その子どもたちである第二次ベビーブーマーであることが分かる。

　それでは、第二次ベビーブーマーたちの子どもである第三次ベビーブーマーはどこにいるだろうか。

　2010年の人口ピラミッドをみても、第三次ベビーブーマーの姿はどこにも見当たらない。そのことは、第二次ベビーブーマーが何らかの理由で出産をためらってきたことを示唆している。それでは、これから人口減少対策の下で育児支援策を充実すれば、第三次ベビーブームの到来が期待できるだろうか。本書を書いている2017年では、第二次ベビーブーマーは既に40代である。もちろん40代で子どもを授かる女性もいるものの、上述した増田レポートにおいて指摘

されているように、生まれる子どもの95％は20〜39歳の女性の出産による。その理由として、卵子は加齢に伴って老化することが知られており、40代では不妊治療の成功率も低いという科学的知見も報告されている[20]。

　日本では、人口ピラミッドをみると明らかなように、20〜39歳の女性は今後急速に減少する。このため、これから人口減少対策が本格的に講じられたとしても、第三次ベビーブームが到来する可能性は低いといわざるをえない。このことが、日本の人口減少問題を深刻にしているのである。

　それでは、20〜30代のうちに第二次ベビーブーマーが安心して子どもを持つことができなかった理由は何だろうか。第二次ベビーブーマーが大学を卒業したのは、いわゆるバブル崩壊後の経済状況が厳しい時期にあたり、就職氷河期とも呼ばれた。各社が採用を控えた結果、希望どおり就職することは難しい時期であった。また、当時は労働市場の規制緩和によって非正規社員が増加しつつあり、安定した正規の職に望んでも就くことができなかった人が多いと考えられる。2013年の厚生労働白書は若者をテーマにしているが、15〜24歳の非正規雇用率は1991（平成3）年に9.5％であったのに対して2010（平成22）年には30.4％に大幅に増加しており、特に若い世代において非正規雇用が増加したことが指摘されている[21]。非正規社員は将来の見通しが立たず、経済的に安定しないことから、なかなか結婚や出産に踏み切れないと考えられる。このため、第二次ベビーブーマーはロストジェネレーションと呼ばれることもある。このように経済的に不安定な状況に置かれていた第二次ベビーブーマーが若者であった時期に、日本では十分な育児の経済的支援策が講じられなかったことは、非常に悔やまれる。これに対し、フランスやスウェーデン、イギリスでは相当な規模の家族給付が行われ、2000年以降に合計特殊出生率は回復している。

　これまでに、日本でも育児の経済的支援策を充実しようという動きはあった。子ども手当はバラ撒きであるとの批判を受けたが、むしろ遅きに失したくらいであり、ようやく欧州諸国並みの育児の経済的支援策が講じられたと考えられた[22]。しかし、子ども手当は導入後まもなく、撤回された。子ども手当が所得制限付きの児童手当に戻ったことは、育児の経済的支援が後退したという意味だけではない。上述のとおり就職氷河期に直面し、将来に悲観的な予測を持ちがちであったと思われる第二次ベビーブーマーに対し、いったん国が育児を

図表0-5　（参考）各国の合計特殊出生率の推移

	2000年	2005年	2010年
フランス	1.88 →	1.92 →	2.02
イギリス	1.64 →	1.79 →	1.98
スウェーデン	1.57 →	1.77 →	1.99
日本	1.36 →	1.26 →	1.39

出所：国立社会保障・人口問題研究所の人口統計資料集（2017）

経済的に支えてくれると期待させておいて、結局、国は育児を助けてくれないと失望させてしまったのではないかと懸念される。このため、子ども手当の撤回は非常に残念なことであった。

　しかし、ここで過去を振り返り、どこに責任があったのかを議論しても生産的ではない。重要なことは、これから何ができるかということである。

　育児支援策などの人口減少対策は、日本にとって極めて重要な政策課題であり、いわゆる政争の対象になることは望ましくない。望ましいのは与野党の壁を越えて超党派で議論し、仮に政権交代があっても揺らぐことのない人口減少対策を打ち出すことである。

　育児の経済的支援策は、児童手当だけの問題だけではなく、保育料の負担軽減や教育費の負担軽減など多岐にわたる。消費税を10％に引き上げる際に0.7兆円程度を子ども・子育て支援の充実にあてることとされていたが、子ども・子育て支援新制度や待機児童解消加速化プランの実施等のために、消費税増税に先立って充実したとされている。このため、育児の経済的支援の充実のためには、さらに財源を見出す必要がある。2017年3月に、育児支援のための新たな財源として、小泉進一郎氏を中心とする自民党の若手議員からこども保険構想が打ち出されたことには期待したい。

4　人口減少対策は国に任せておけば良いのか

　これまでに述べたように、欧州諸国に比べ、日本の少子化対策は十分ではなかった。これから、厳しい財政事情のもとであっても財源を確保して、国が本気で人口減少対策を講じることが望まれる。

　それでは、人口減少対策は国に任せておけば良いのだろうか？

　答えはノーである。

地方では財源も人材も不足しており、独自の対策は難しいという声も聞かれるが、地域政策としての人口減少対策を講じることはできると筆者は考えている。むしろ、縦割りを越えた政策の連動は自治体のほうが実現しやすく、市民と連携した育児支援などは地域レベルでなければ取り組むことができないのではないかと考えられる。

　さらに、増田レポートによる消滅自治体の指摘を受けて問題意識は高まり、地方創生事業でも人口減少がメインテーマとなり、各地で人口減少対策は既に始まっている。人口減少の状況には大きな地域差があるが、地方都市の多くでは人口は減少傾向にある。このため、人口減少は自然減と社会減に分けて議論されることも多いが、特に社会減については若年人口の流入を促そうとする、分かりやすく言い換えれば「若年人口の争奪戦」は既に始まってしまっている。国の対策は特定の市町村を対象としたものにならないため、他の市町村と差別化を図り、若年層にアピールしようとすれば、独自の対策を講じる必要がある。また、次章で詳しく述べるが、人口が減少する地域の現状は厳しく、国あるいは都道府県の対策を待っているだけでは、人口回復が望めなくなるポイント・オブ・ノーリターンを超えてしまうおそれもある。

　このため、地方における人口減少対策は急務である。

［注］
1) たとえば広井（2013）
2) スタインバーグ・中根（2012）p. 3
3) 同上 p. 4
4) なお、現状では、育児と仕事の両立の問題に直面しているのは主として女性であるが、育児と仕事の両立が女性だけの課題ではなくなるように、男性の育児分担が進むべきである。
5) 総人口に対する65〜74歳人口の割合、75歳以上人口の割合は、2017年将来推計人口の推計結果表1-2「総数、年齢4区分（0〜19歳、20〜64歳、65〜74歳、75歳以上）別総人口及び年齢構造係数：出生中位（死亡中位）推計」による。
6) 増田（2015）p. 23
7) 同上 p. 25
8) 同上 p. 29
9) まち・ひと・しごと創生長期ビジョン pp. 11-12
10) 国立社会保障・人口問題研究所（2015）p. 40によれば、理想の子ども数を持たない理由の第1位として「子育てや教育にお金がかかりすぎるから」が挙げられている（全体

の56.3%。複数回答）。
11) まち・ひと・しごと創生長期ビジョン図1 「我が国の人口の推移と長期的な見通し」。
12) 吉川（2016）p. 89
13) 同上 p. 91
14) 詳細は図4-5を参照されたい。
15) たとえば椋野（2010）などにおいて指摘されている。
16) 給付単価には保育士等の処遇改善等加算などは含まれていないことから、厳密にいえば、保育のランニングコストは給付単価よりも高いと考えられる。
17) たとえば藤本健太郎（2008）
18) 福島（2015）p. 44
19) 同上 p. 46
20) 日本生殖学会HPにおける不妊症Q＆A（http://www.jsrm.or.jp/public/index.html）
21) 厚生労働省（2013）p. 20
22) たとえば藤本健太郎（2011）

第 1 章

人口減少地域の現状

　従来は国レベルで考えられてきた人口減少の問題について、序章で述べたように、地方の問題として捉えようとする意識が高まっている。しかし、人口が減少するといっても、実際にはそんなに深刻ではないのではないかと考える人もいるだろう。

　本章では、静岡県伊豆市を例にとり、人口が減少する地方の現状について述べることにしたい。

1　地方の人口減少は本当に深刻なのか

　将来推計人口はあくまでも推計データである。人口が一定に保たれる人口置換水準は、国立社会保障・人口問題研究所の人口統計資料集（2016）によれば、合計特殊出生率2.07である。これに対して日本の2013年の合計特殊出生率は1.43であり、今後も2.07まで回復する見通しはたっていない。このため、理論上は、将来のいつかの時点で日本の出生数はゼロになり、総人口もいつかはゼロになる。しかし、実際に日本全国で子どもが一人も生まれなくなり、総人口がゼロになることは想定しがたい。さらに、合計特殊出生率が2を下回る国は多くあるが、それらの国でも将来に総人口がゼロになる可能性は非常に低いと考えられる。

　このように国家レベルでは将来推計人口においていずれ人口がゼロになるとしても実際には想定しがたい。このため、増田レポートでは896の市町村が消滅する危機にあることに警鐘を鳴らしているが、自治体レベルでも、本当に人口がゼロになることはないのではないかという懐疑的な見方もある。なお、自治体の消滅ということについては、人口が減少した自治体の統合を繰り返していけば、理論上は自治体が消滅することはない。このため、本書では、いわゆ

る平成の大合併の前の2002（平成14）年4月には全国で3,218の市町村が存在し、「3,000市町村」といわれた当時の市町村を念頭に置くことにしたい。

　ここで、本書における「地方」と「地域」という言葉の使い分けについて説明しておきたい。本書では、都市部の対義語として地方という言葉を使う。一方、人口減少対策を論じる際には地域という言葉を使う。それは都市部においても人口減少が進行する地域があることと、地方自治体が存続すれば合併前の旧市町村が消滅しても良いとは言えないという問題意識に基づく。本書において人口減少対策を議論する際には自治体単位で考察をすることも多いが、可能な場合には、旧3,218市町村を念頭に置いた地域について考察する。

　それでは、人口減少の進む地域の実態はどのようになっているのだろうか。以下、静岡県伊豆市の事例を取り上げることにしたい。

　静岡県立大では2014（平成26）年度よりCOC事業として地（知）の拠点整備事業を実施しているが、その一環として地域を志向した研究を行っている。2015（平成27）年度には静岡県庁からの示唆を受けて、人口減少問題を取り上げることとなった。筆者もこの研究プロジェクトに参加し、静岡県庁、静岡県東部地域政策局および静岡県立大学人口減少問題プロジェクトチームリーダーの西野勝明教授と相談した結果、伊豆市をモデル地区の一つに選定した。伊豆半島は有名な観光地であるが、静岡県内では人口減少が進んでいることが知られており、伊豆市は半島の中心に位置している。

　2015年6月には伊豆市を訪問して市役所のスタッフと意見交換を行い、菊地豊市長とも面談した。同年7月には沼津市にある静岡県東部政策局を訪問して伊豆半島の人口減少問題について意見交換を行い、同年8月には伊豆市の市民、市役所のスタッフと静岡県立大学の学生たちによるディスカッションを中心とするシンポジウムを行った。

1）　伊豆市における人口減少の概況

　最初に、データに基づいて伊豆市における人口減少の概況をみることとしたい。伊豆市では人口減少について比較的早くから問題意識が持たれており、人口に関連するデータについては、2014（平成26）年6月にとりまとめられた

第1章　人口減少地域の現状

図表1-1　伊豆市の人口と世帯の推移

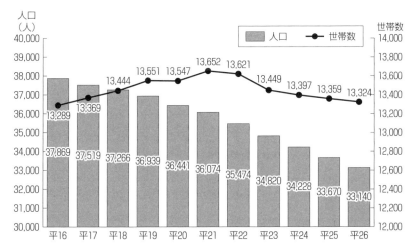

資料：住民基本台帳

「明日の伊豆市を考える論点資料」(以下、伊豆市(2014)と呼ぶ。)に整理されている。

伊豆市(2014：1)によれば、伊豆市における人口と世帯の推移は図表1-1のとおりである。

図表1-1に示されているように、伊豆市の人口は2004(平成16)年以降減少を続けており、2014(平成26)年までの10年間で4,729人(12%)減少している。

また、伊豆市(2014：2)によれば、この間の人口動態の年次推移は図表1-2のとおりである。

総人口が減少していることから予想されることではあるが、2004(平成16)年度以降、社会減、自然減ともに進行している。なお、社会減とは転出が転入を上回る状態を指し、自然減とは死亡数が出生数を上回る状態を指す。

この間、伊豆市が対策を講じなかったわけではない。既に2009年6月には菊地豊市長が「人口減少危機宣言」を発し、「雇用の創出」、「所得の向上」、「定住の促進」などの具体的施策にも取り組んでいる。図表1-2に示されるように、社会減の人数が2010(平成22)年度をピークとして減少傾向にあることは、伊豆市の対策が効果を挙げているものと評価することができる。

図表1-2　伊豆市の人口動態の年次推移

年度	16年度	17年度	18年度	19年度	20年度	21年度	22年度	23年度	24年度	25年度
転出	1,435	1,435	1,385	1,502	1,338	1,547	1,375	1,307	1,227	1,205
転入	1,310	1,302	1,307	1,329	1,235	1,229	1,047	1,042	996	1,014
社会増減	－125	－133	－78	－173	－103	－318	－328	－265	－231	－191
死亡数	442	414	435	465	453	454	512	510	467	512
出生数	217	234	175	178	212	164	163	163	143	168
自然増減	－225	－180	－260	－287	－241	－290	－349	－347	－324	－344

　しかし、依然として伊豆市の人口動態は厳しい状況にある。2015（平成27）年10月にとりまとめられた「伊豆市まち・ひと・しごと創生人口ビジョン」（以下、伊豆市（2015）と呼ぶ。）においては、冒頭で「人口減少がこのまま続けば、国のまち・ひと・しごと創生長期ビジョンが指摘するように、将来的には経済規模や生活サービスの更なる縮小・低下を招くだけでなく、行政サービスの維持や財政に深刻な影響を及ぼすとともに伊豆市が回復不能な状況にまで衰退する可能性がある」と、現状に対する厳しい問題意識が示されている。

　では、なぜ伊豆市の人口動態は厳しい状況に陥っているのだろうか。

　伊豆市には全国的にも知名度の高い修善寺温泉や土肥温泉があり、演歌で知られる天城峠もあるなど豊富な観光資源に恵まれている。「伊豆」という名称は、草津や熱海と並んで観光地としてのブランドが確立している。また、伊豆市役所の最寄り駅の修善寺駅は、東京駅から新幹線と伊豆箱根鉄道を乗り継げば約90分で着くというアクセスの良さも誇っている。東京からのアクセスが良いことから、伊豆には軽井沢などと並んで東京都民の別荘地としてのイメージも定着している。このため、伊豆市が人口減少に苦しんでいることには意外な印象もある。

　伊豆市（2014：6）では、図表1-3のとおり、人口コーホート分析図によって近隣の自治体との比較を行っている。そして、なぜ伊豆市の人口が減少してきたのか、年代別の行動について分析が行われている。

　図表1-3に示されているように、伊豆市も隣接する伊豆の国市も、大学などの高等教育機関が近隣にないことから、学生期に人口流出がある点は共通して

図表 1-3　伊豆市の人口コーホート分析図

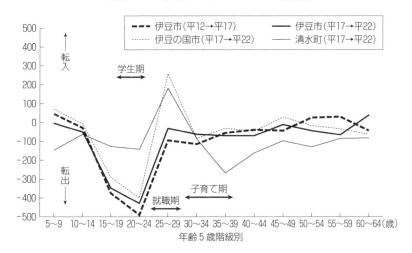

　いる。しかし、伊豆の国市では就職期には転入増加があるのに対し、伊豆市では大学を卒業した若者が戻ってきていない点が異なる。また、近隣の清水町では学生期の転出が少ないことに加えて、就職期に転入増加もある点が異なる。
　清水町において学生期の転出が少ないことは、伊豆市や伊豆の国市に比べて伊豆半島でも北部に位置し、交通の便が良いために首都圏の大学等への通学が容易であるためであると思われる。こうした地理的要因による違いは、人口減少対策によって克服することは難しい。このため、伊豆市の人口減少対策を考えるうえで注目すべきなのは、隣接する伊豆の国市では学生期に転出するものの、卒業後に人口が戻っていることであるだろう。
　その理由について、伊豆市のスタッフにたずねたところ、就職先が三島市や沼津市といった近隣の都市であることが多く、電車通勤をする場合に伊豆の国市のほうが近いこと、また伊豆の国市には若者が好むような住宅の供給があることが理由として考えられるとのことであった。

2）　生産年齢人口の減少による税収減
　出生数が減少したことによる人口の自然減と、学生期に人口が流出し、その後戻っていないという人口の社会減が合わさった結果、伊豆市においては年少

図表1-4　伊豆市の年齢3階層別人口の推移（人）

	昭55	昭60	平2	平7	平12	平17	平22
生産年齢人口（15～64歳）	26,130	26,257	25,594	25,325	23,749	21,860	19,765
老年人口（65歳以上）	5,226	5,839	6,801	8,200	9,557	10,254	10,795
年少人口（0～14歳）	8,559	7,673	6,591	5,900	5,275	4,513	3,617

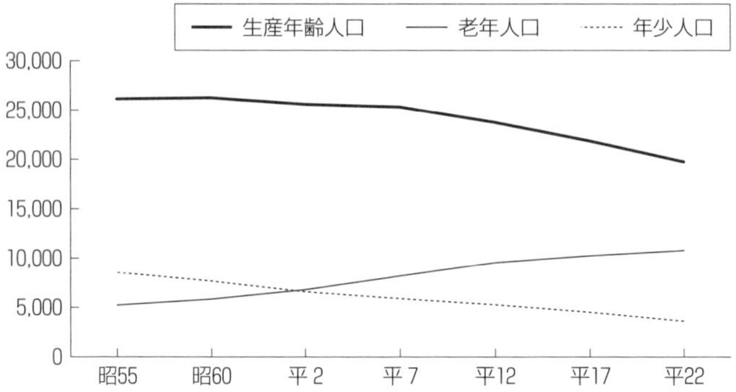

図表1-5　伊豆市の年齢3階層別人口の推移（人）

出所：伊豆市（2014：3）をもとに筆者作成。

人口と生産年齢人口が減少している。

　このように、伊豆市では2010（平成22）年には1980（昭和55）年と比べて、老年人口は2倍となり、年少人口は半減し、生産年齢人口も大幅に減少している。すなわち、総人口の減少以上に若年人口や現役世代の人口が減少しているのである。

　序章でも述べたように、従来は人口統計については高齢人口の増加が注目されてきたが、生産年齢人口の減少にも着目すべきであると考えられる。高齢者も固定資産税や消費税などは負担するが、所得税や住民税は主として現役世代が負担する。また、年金の社会保険料は現役世代が負担し、医療保険や介護保険についても主として現役世代が負担する。このため、生産年齢人口の減少は

図表1-6　伊豆市の歳出と歳入の見通し

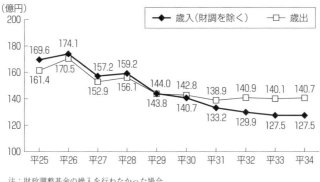

注：財政調整基金の繰入を行わなかった場合。

税収減や保険料収入の減少をも意味している。このため、生産年齢人口が減少することは国や地方自治体の財政にも悪影響を及ぼす。

伊豆市の財政状況については、**図表1-6**のとおり、伊豆市（2014：22）において将来の歳入減が予想されることが明示されている。

一般論として、このようなマイナスイメージの数字には目を瞑りたくなるものであるが、厳しい現状や見通しを率直に公表し、市民に危機感の共有を呼び掛ける伊豆市の姿勢は評価されるべきであると考える。

上の図に示されているとおり、財政調整基金の繰入れを行わない場合、伊豆市の歳入は漸減し、歳出との差は開いていき、単年度の赤字は拡大することが見込まれている。

このように歳入が将来にわたって減少する厳しい状況は伊豆市だけの課題ではない。人口が減少する場合、一般的に年少人口と生産年齢人口が減少することから、全国の人口減少地域に共通する課題であると考えられる。

人口減少対策を大規模に講じようとする場合には財源が必要であるが、生産年齢人口が減少する地域の自治体では歳入が減少し、財政余力が乏しいことに留意しなければならない。

さらに、出生数が少ないことは将来の生産年齢人口が減少するということ以外にも、より差し迫った問題につながっている。

3) 保育所などの育児支援機能の喪失

　2015年6月の伊豆市における打ち合わせでは、菊地豊伊豆市長と直接話す機会を得たが、市長は年間出生数が減少していることに強い危機感を持っていた。伊豆市全体で168人と200人を割り込んでいることも厳しい数字であるが、中でも旧土肥町では2013（平成25）年度の出生数が10人を下回ったことが市長の危機感の背景にあった。伊豆市は旧修善寺町、旧中伊豆町、旧天城湯ケ島町および旧土肥町が合併して誕生した市であるが、子どもの人口の減少に伴って小学校の統廃合が進み、旧修善寺町を除く旧三町では既に一つずつに集約されているとのことであった。今後も人口減少が進んだ場合、旧町に一つずつ残った小学校の存続も危うくなるが、菊地市長は、伊豆市全体で何としても出生数を200人に回復させ、旧三町の小学校を存続させたいという考えであった。

　ところで、子どもの人数が減少を続けていけば、小学校の存続が厳しくなるだけではなく、保育所にも影響が及ぶと考えられる。実際に伊豆市では、保育所や幼稚園は閉所によって減少しつつあると聞いた。

　都市部では待機児童の問題が深刻であるが、実は人口減少地域では、待機児童の問題はないことが多い。待機児童がほとんどいないのは一見すると良いことではあるが、定員割れが続くと保育所の運営は赤字が続くことになる。このため、出生数が少ない状態が続くと、いずれ保育所は閉所に追い込まれることになる。しかし、近隣に保育所あるいは認定こども園がなくなってしまえば、たとえば同居する祖父母が親の代わりに育児をしてくれるような場合を除き、夫婦ともにフルタイムで働く家庭やシングルペアレントの家庭では、育児と仕事の両立は困難となる。

　さらに、出生数が少ない状態が続き、近隣から小さい子どもがほとんどいなくなれば、小児科もなくなってしまうと懸念される。子どもは大人とは違って熱が上がりやすいなど、頻繁に医者にかかる。小児科医が近くにいなくなることは、育児をするうえで決定的な問題である。

　小学校、保育所、小児科医などの育児支援機能が近隣から失われれば、事実上、子育てができなくなってしまう。

　伊豆半島では人口減少が深刻であると最初に知ったとき、伊豆は観光地としてのブランドが確立しており、東京からのアクセスも良いことから、正直に言

えば、筆者は事態を楽観していた。しかし、実際に現地を訪ねてみて、予想以上に厳しい状況にあると認識を改めさせられた。

伊豆半島南部の自治体の出生数は伊豆市よりも低い傾向にある。平成27年静岡県人口動態統計によれば、静岡県内で最も出生数が少ないのは西伊豆町の19人であり、松崎町は29人、南伊豆町は39人となっている。

また、伊豆市の事例からは別の課題も浮かび上がる。伊豆市全体では出生数は200人近いが、もし市町村合併が行われていなければ、旧土肥町の出生数9名という状況は関係者により大きく認識され、社会的な課題としての認知度も高かったであろう。いわゆる平成の大合併は人口減少に対応して自治体の行財政力を高めることも目的の一つであったが、合併は自治体消滅の危機をみえにくくしていることにも留意しなくてはならない。

増田レポートが警鐘を鳴らした自治体消滅の危機については、上述したとおり、自治体合併を進めれば「自治体」の消滅は避けられるかもしれない。しかし、自治体の統合が進めば、合併前の自治体のエリアでは人口が減少して消滅してもよいという道理はないであろう。

4) 伊豆半島のインフラの課題

2015年7月に、筆者は西野教授らと静岡県東部地域政策局を訪問し、静岡県立大学のCOC事業の対象として伊豆市をモデル地区とすることを報告した。その際、伊豆半島の人口減少について意見交換を行ったが、伊豆半島では、都市部では想像しにくいようなインフラの課題も抱えていることが分かった。

① 航空インフラの課題

育児支援においては医療面の対策も重要であり、安心して育児をするためには、医療機関へのアクセスは重要である。しかし、全国的な小児科医不足の問題があり、小児救急体制の維持が困難な地域も少なくない。このため、伊豆半島のように山が多く人口密度が低いところでは、救急搬送においてドクターヘリが有効なのではないかと筆者は考えていた。

しかし、ドクターヘリの活用について筆者が述べたところ、静岡県東部地域政策局では既に検討を行ったものの、伊豆半島では航空管制が及ばないために夜間飛行ができず、昼間しか飛べない状況では費用対効果の問題がクリアでき

ないとのことであった。
② 情報インフラの課題

　育児を巡る問題としては、社会的孤立が進行する中で育児の孤立が広がっていることも課題として挙げられる[3]。地域社会や家族の支援が得られず、母親一人に育児の負担がかかるケースが多いことは、児童虐待の増加が止まらない背景にもなっていると考えられる。このため、少子化対策として育児支援策を講じる際に育児の孤立を防ぐことも重要であると考えられるが、都市部よりも地方の方が相対的に深い人間関係が残っており、育児の孤立は防ぎやすいと期待される。一方、近隣の子どもの人数が少なくなると、同年代の子どもを育てる親を見つけることは難しくなるため、親同士の交流を図る場合にはインターネットやソーシャルネットワークサービス（SNS）の活用が考えられる。

　このため、離れた場所に住む親の間でインターネットやSNS等によって交流を図れないかと筆者が述べたところ、伊豆半島では光ファイバーがまだ整備されていない地域もあり、また携帯電話がよく聞こえない場所もあることを指摘された。伊豆市については光ファイバー網が整備され、携帯電話も全域で通じやすくなっていることが後に確認できたが、伊豆半島ではなお情報インフラが未整備な場所もある。

　伊豆から静岡市の大学に戻って伊豆における情報インフラについてゼミ生たちに話したところ、携帯電話が使えないと生活できないという声が多かった。若年人口の流出を防ぐためには、情報インフラの整備も重要な課題であると思われる。

　都市部で生活していると、交通インフラや情報インフラが整備されていることを当然のように思いがちであるが、人口減少地域ではこうしたインフラが脆弱であることに留意しなければならない。育児支援の対策を講じるに当たり、その前提となる生活者の日常を支えるインフラの未整備が課題になることを痛感させられた。

　なお、静岡県東部地域政策局では、人口減少が続く伊豆市にどのような支援を行えるかをたずねてみたが、人口減少は伊豆半島全体の抱える問題であり、残念ながら、伊豆市のみを対象にした支援を県が行うことは困難であるとのこ

とであった。静岡県としては、伊豆半島の特定の市町を支援することは公平性の観点から難しいが、伊豆半島全体を支援したいと考えており、伊豆半島7市6町首長会議を母体に設立された「美しい伊豆創造センター[4]」の活動の支援などを進めていきたいとのことであった。

2　全国の自治体の出生数減少の状況

ここまで、伊豆市をはじめとする伊豆半島を例にとり、人口が減少する地域では出生数の減少が進み、厳しい状況にあることをみてきた。

それでは全国的にみれば、自治体の出生数の状況はどうなっているのだろうか。

内閣府のホームページには市区町村別の人口・経済データ関係データがまとめられており、出生数の推移をみることもできる[5]。そのデータから、2013年に出生数が10人未満であった自治体を抽出して、1970年、1980年、1990年、2000年、2004年以降2013年までの10年間の出生数の推移をまとめたものが図表1-7である。

図表1-7に示されているとおり、出生数が0人という自治体は5つあり[6]、1人という自治体が3つ、2人という自治体は8つある。そして、出生数10人未満という自治体は77にのぼる。

上述した伊豆半島の自治体よりも更に出生数が減少し、一年に生まれてくる子どもが10人を割り込んでいる自治体が全国には77も存在するのである。これは筆者の予想をはるかに上回る数字であった。増田レポートが警鐘を鳴らした「あなたのまちが消えてしまうかもしれない」という危機は、既に目の前にあるものとして認識されるべきである。

これらの自治体においても、図表1-7に示されているように、1970年には出生数が100人を超える自治体が複数あったことを思えば、近年の出生数の減少は深刻である。

なお、生まれる子どもの人数が少なくなったからといっても、すぐに地域の人口がゼロに近付くわけではない。しかし、出生数がゼロに近い状態が続けば、小学校や保育所、幼稚園は存続できなくなる。さらには、いずれ小児科医

図表 1-7　2013年に出生数10人未満の市町村に関する出生数の推移

市区町村名	1970年	1980年	1990年	2000年	2004年	2005年	2006年	2007年	2008年	2009年	2010年	2011年	2012年	2013年
東京都 青ヶ島村	−	3	3	1	1	2	1	1	0	0	1	0	1	−
奈良県 御杖村	48	30	26	19	7	11	4	8	4	5	4	5	3	−
奈良県 野迫川村	12	7	9	3	2	3	0	4	0	0	1	0	4	−
奈良県 上北山村	25	12	10	8	2	8	0	3	1	2	1	2	2	−
沖縄県 渡名喜村	−	3	3	3	2	3	1	3	2	1	1	3	6	−
長野県 王滝村	25	12	14	8	13	10	6	6	5	5	2	5	1	1
高知県 大川村	17	6	11	2	3	4	2	3	3	1	2	1	2	1
鹿児島県 三島村	13	5	1	5	1	1	2	0	3	3	2	1	5	1
宮城県 七ヶ宿町	25	27	12	14	12	12	8	9	14	4	9	4	5	2
群馬県 神流町	90	39	31	12	13	6	8	2	8	5	8	8	4	2
群馬県 南牧村	93	48	18	6	12	4	5	4	2	3	7	2	5	2
新潟県 粟島浦村	9	2	5	2	1	0	1	1	0	2	2	1	0	2
山梨県 小菅村	22	13	4	4	7	5	3	4	2	3	2	6	5	2
愛知県 豊根村	42	15	13	6	8	13	6	4	4	6	3	3	3	2
和歌山県 北山村	11	3	3	3	4	3	1	2	2	0	0	1	3	2
島根県 知夫村	10	11	4	3	5	6	7	2	3	5	4	3	1	2
北海道 神恵内村	30	16	10	14	12	6	8	9	8	5	8	6	3	3
福井県 檜枝岐村	15	4	6	6	2	6	1	1	2	3	7	4	4	3
東京都 利島村	2	7	3	0	2	3	5	2	5	3	3	4	0	3
山梨県 丹波山村	19	5	7	3	4	0	2	3	2	0	1	2	1	3
長野県 根羽村	22	16	10	7	7	7	5	3	7	3	4	4	3	3
奈良県 黒滝村	24	16	14	7	5	2	3	6	5	3	4	5	4	3
鹿児島県 十島村	11	9	9	6	9	5	2	1	2	1	2	3	3	3
北海道 島牧村	54	24	22	15	14	11	11	10	6	6	12	4	12	4
北海道 中頓別町	76	43	20	18	18	14	13	10	10	8	13	10	12	4
福島県 昭和村	33	23	16	11	4	5	6	5	6	6	7	5	5	4
山梨県 早川町	54	12	9	8	6	5	8	6	7	2	5	0	4	4

第1章 人口減少地域の現状

市町村															
長野県 北相木村	16	12	11	6	7	6	7	5	4	2	6	4	3	4
長野県 平谷村	7	6	3	8	2	5	2	3	4	3	3	6	2	4
長野県 売木村	6	11	4	2	4	5	7	3	6	1	3	5	1	4
長野県 麻績村	62	36	19	23	14	16	16	13	17	10	9	4	13	4
奈良県 下北山村	33	8	13	13	8	3	7	5	3	5	2	6	2	4
奈良県 東吉野村	58	47	26	21	16	8	7	14	8	8	3	6	2	4
北海道 浦臼町	53	37	22	17	17	11	16	10	15	11	12	17	7	5
福島県 金山町	66	30	29	10	8	5	8	7	2	9	3	6	6	5
東京都 御蔵島村	1	1	3	8	3	3	3	3	4	3	8	5	7	5
長野県 天龍村	54	28	11	9	7	10	6	8	4	3	2	8	8	5
京都府 笠置町	29	22	14	14	2	11	5	3	4	2	7	6	5	5
奈良県 川上村	92	53	21	9	9	7	7	9	3	9	3	5	3	5
岡山県 新庄村	18	16	12	5	5	7	7	2	8	5	7	4	9	5
熊本県 五木村	60	31	23	12	9	7	3	8	6	9	2	6	3	5
沖縄県 渡嘉敷村	-	9	7	11	8	12	5	12	9	5	10	6	12	5
沖縄県 粟国村	-	9	8	13	7	4	8	3	2	10	7	7	1	5
北海道 音威子府村	39	21	13	11	6	7	4	3	9	3	4	3	4	6
北海道 西興部村	22	23	9	7	7	5	13	10	9	6	11	11	8	6
北海道 陸別町	118	49	33	24	14	14	16	16	21	12	16	22	12	6
青森県 今別町	124	88	48	21	11	13	10	10	7	10	4	6	4	6
青森県 佐井村	94	48	24	21	21	15	12	11	13	4	7	13	9	6
奈良県 天川村	37	39	25	10	8	6	11	4	9	9	8	4	4	6
高知県 馬路村	27	15	8	12	5	9	9	6	5	3	10	3	6	7
高知県 三原村	31	22	17	12	14	4	13	10	6	5	9	9	15	7
青森県 風間浦村	92	47	33	16	13	22	17	12	16	7	13	9	12	7
長野県 大鹿村	36	15	7	10	8	2	3	5	4	6	4	5	8	7
鳥取県 若桜町	86	84	52	18	18	23	27	15	10	15	8	10	13	7
徳島県 上勝町	49	29	23	11	7	6	7	8	9	8	10	6	8	7
大分県 姫島村	32	37	31	15	10	15	9	10	8	18	11	13	16	7
沖縄県 座間味村	-	2	12	13	11	8	10	9	8	13	5	11	11	7
沖縄県 北大東村	-	14	4	4	6	5	3	6	2	4	1	6	3	7

市区町村														
北海道 北竜町	59	40	17	13	13	11	14	8	7	16	7	11	10	8
北海道 幌加内町	67	31	18	22	17	7	14	12	15	9	16	6	5	8
秋田県 上小阿仁村	66	37	26	11	11	15	12	10	7	5	6	10	12	8
東京都 檜原村	72	45	22	15	5	12	11	9	6	13	8	10	16	8
東京都 三宅村	58	33	32	31	17	8	13	7	19	22	19	9	24	8
長野県 南牧村	38	50	39	38	38	33	20	31	33	24	19	24	23	8
長野県 泰阜村	43	16	26	10	13	15	17	13	14	8	9	10	7	8
宮崎県 西米良村	45	26	16	15	9	10	8	15	10	10	9	11	10	8
沖縄県 多良間村	―	24	16	20	16	15	9	9	12	14	14	12	13	8
北海道 泊村	44	19	19	19	12	13	14	13	15	17	17	11	8	9
北海道 上砂川町	157	96	30	33	29	24	20	21	21	15	19	14	18	9
北海道 置戸町	118	57	31	17	24	18	14	21	18	23	20	17	12	9
北海道 池田町	61	55	48	15	8	17	14	18	15	24	16	15	11	9
福井県 南相木村	25	14	5	12	10	8	6	8	7	4	5	7	4	9
長野県 栄村	37	31	24	22	10	6	12	8	2	9	9	8	7	9
京都府 伊根町	49	45	37	15	11	10	5	12	10	5	15	7	16	9
和歌山県 古座川町	68	44	24	19	14	12	20	14	20	8	11	9	12	9
高知県 北川村	26	15	10	13	7	10	10	10	8	7	9	3	5	9
鹿児島県 大和村	50	25	15	16	13	7	9	10	10	7	10	5	13	9

注：出生数とは、日本国内における日本人の出生数。年間の市区町村への届出に基づいて集計している。外国における日本人の出生数及び日本における外国人の出生数は含まない。

※市区町村単位は2014年4月現在

※市区町村コードは総務省「全国地方公共団体コード」による

出典：厚生労働省「人口動態統計（1970，1975，1978～2013年）」…出生数

出所：内閣府ホームページ（http://www5.cao.go.jp/keizai-shimon/kaigi/special/future/keizai-jinkou_data.html（2017年10月1日アクセス））に掲載されている資料をもとに筆者作成。

もいなくなることが懸念される。保育所、幼稚園や小学校といった児童福祉施設や子どもの教育機関、さらに小児科医などは、育児をするために欠かせない育児支援施設であるが、育児支援施設を喪失した地域では、事実上、育児を行うことができなくなると懸念される。

　一般論として、子どもが生まれなくなり、育児支援施設がなくなっても、若者が移住してきてくれれば人口は維持できる。実際に首都圏では合計特殊出生率は低いが、若年人口の流入によって人口が維持されてきた。しかし、人口減少地域においては、逆に若者の流出が続いているのが実情である。さらに、保育所などの育児支援施設のない地域では育児が困難なことから、若者が家庭をもって子どもを授かっても、引っ越さざるを得なくなることが懸念される。

　このため、子どもがいなくなり、若い人がいなくなれば、いずれは高齢者のみが残ることになる。そして、高齢者の人口はいずれ減少していく。こうして将来のいつかの時点で、「まち」は消滅することになるだろう。

　本書では、まちの消滅を防ぐためにどのような対策が考えられるか、考察していくことにしたい。

[注]
1) https://toukei.pref.shizuoka.jp/kenkou_seisakukan/data/h27jinkoudoutai/h27shusho.html（2017年10月1日アクセス）
2) 2004（平成16）年に制定された「市町村の合併の特例等に関する法律」の第1条には、2010（平成22）年に改正されるまでの間、「自主的な市町村の合併による市町村の規模の適正化」という文言も含まれていた。
3) 藤本健太郎（2012）pp. 36-43
4) 美しい伊豆創造センターの活動は、そのホームページ（http://beautiful-izu.jp/）（2017年10月1日アクセス）において詳しく紹介されている。
5) http://www5.cao.go.jp/keizai-shimon/kaigi/special/future/keizai-jinkou_data.html（2017年10月1日アクセス）
6) 図表1-7において出生数が空欄となっている5つの自治体については、「統計でみる市町村のすがた2015」（総務省統計局）（http://www.e-stat.go.jp/SG1/estat/List.do?bid=000001061194&cycode=0（2017年10月1日アクセス））において2013年の出生数が0名となっていることから、本書においても、これにならうこととする。

第 2 章

人口減少地域の課題と対策の方向性

　第1章では伊豆市を例にとって人口減少地域の状況を確認し、全国では2013年の出生数が10人未満である自治体が77にのぼることを述べた。子どもの数が減少した地域では、待機児童は生じないが保育所が閉所することが懸念され、いずれ小学校もなくなり、育児を支援する機能がなくなってしまい、育児のできない地域になってしまうリスクがあることを指摘した。

　本章では、このような状況を踏まえて、本書で論じる人口減少対策の方向性について述べることにしたい。

1　地方の人口減少と都市部の人口減少

　前章で述べたように、人口減少地域の実情は厳しい。すでに出生数が非常に少なくなっている地域も少なくない。人口減少対策を講じるにも、税収減に対応するために行政改革を進めなければならず、ヒトもカネも十分とはいえない厳しい状況にある。都市部では当然のように思われているインフラも未整備である。

　このような人口減少地域の多くは都市部ではなく地方にある。人口減少地域の厳しい現状をみると、あるいは地方は切り捨てて、人口減少対策も都市部に力を注ぐべきだと考える人もいるかもしれない。

　しかし、都道府県別の人口動態をみると、人口の維持という点において、むしろ都市部が地方に依存していることが分かる。

　厚生労働省がまとめている人口動態統計によれば、都道府県別の合計特殊出生率の推移は図表2-1のとおりである。

　図表2-1のとおり、2009（平成21）年度の東京都の合計特殊出生率は全都道府県中で最も低い1.12である。東京都の次に合計特殊出生率が低いのは北海道

第2章 人口減少地域の課題と対策の方向性

図表2-1　都道府県の合計特殊出生率の推移

都道府県	昭45	昭50	昭55	昭60	平2	平7	平12	平17	平19	平20	平21
全国	2.13	1.91	1.75	1.76	1.54	1.42	1.36	1.26	1.34	1.37	1.37
北海道	1.93	1.82	1.64	1.61	1.43	1.31	1.23	1.15	1.19	1.20	1.19
青森	2.25	2.00	1.85	1.80	1.56	1.56	1.47	1.29	1.28	1.30	1.26
岩手	2.11	2.14	1.95	1.88	1.72	1.62	1.56	1.41	1.39	1.39	1.37
宮城	2.06	1.96	1.86	1.80	1.57	1.46	1.39	1.24	1.27	1.29	1.25
秋田	1.88	1.86	1.79	1.69	1.57	1.56	1.45	1.34	1.31	1.32	1.29
山形	1.98	1.96	1.93	1.87	1.75	1.69	1.62	1.45	1.42	1.44	1.39
福島	2.16	2.13	1.99	1.98	1.79	1.72	1.65	1.49	1.49	1.52	1.49
茨城	2.30	2.09	1.87	1.86	1.64	1.53	1.47	1.32	1.35	1.37	1.37
栃木	2.21	2.06	1.86	1.90	1.67	1.52	1.48	1.40	1.39	1.42	1.43
群馬	2.16	1.99	1.81	1.85	1.63	1.56	1.51	1.39	1.36	1.40	1.38
埼玉	2.35	2.06	1.73	1.72	1.50	1.41	1.30	1.22	1.26	1.28	1.28
千葉	2.28	2.03	1.74	1.75	1.47	1.36	1.30	1.22	1.25	1.29	1.31
東京	1.96	1.63	1.44	1.44	1.23	1.11	1.07	1.00	1.05	1.09	1.12
神奈川	2.23	1.95	1.70	1.68	1.45	1.34	1.28	1.19	1.25	1.27	1.28
新潟	2.10	2.03	1.88	1.88	1.69	1.59	1.51	1.34	1.37	1.37	1.37
富山	1.94	1.94	1.77	1.79	1.56	1.49	1.45	1.37	1.34	1.38	1.37
石川	2.07	2.08	1.87	1.79	1.60	1.46	1.45	1.35	1.40	1.41	1.40
福井	2.10	2.06	1.93	1.93	1.75	1.67	1.60	1.50	1.52	1.54	1.55
山梨	2.20	1.98	1.76	1.85	1.62	1.60	1.51	1.38	1.35	1.35	1.31
長野	2.09	2.05	1.89	1.85	1.71	1.64	1.59	1.46	1.47	1.45	1.43
岐阜	2.12	2.00	1.80	1.81	1.57	1.49	1.47	1.37	1.34	1.35	1.37
静岡	2.12	2.02	1.80	1.85	1.60	1.48	1.47	1.39	1.44	1.44	1.43
愛知	2.19	2.02	1.81	1.82	1.57	1.47	1.44	1.34	1.38	1.43	1.43
三重	2.04	1.99	1.82	1.80	1.61	1.50	1.48	1.36	1.37	1.38	1.40
滋賀	2.19	2.13	1.96	1.97	1.75	1.58	1.53	1.39	1.42	1.45	1.44
京都	2.02	1.81	1.67	1.68	1.48	1.33	1.28	1.18	1.18	1.22	1.20
大阪	2.17	1.90	1.67	1.69	1.46	1.33	1.31	1.21	1.24	1.28	1.28
兵庫	2.12	1.96	1.76	1.75	1.53	1.41	1.38	1.25	1.30	1.34	1.33
奈良	2.08	1.85	1.70	1.69	1.49	1.36	1.30	1.19	1.22	1.22	1.23
和歌山	2.10	1.95	1.80	1.79	1.55	1.48	1.45	1.32	1.34	1.41	1.36
鳥取	1.96	2.02	1.93	1.93	1.82	1.69	1.62	1.47	1.47	1.43	1.46
島根	2.02	2.10	2.01	2.01	1.85	1.73	1.65	1.50	1.53	1.51	1.55
岡山	2.03	2.05	1.86	1.89	1.66	1.55	1.51	1.37	1.41	1.43	1.39
広島	2.07	2.05	1.84	1.83	1.63	1.48	1.41	1.34	1.43	1.45	1.47
山口	1.98	1.92	1.79	1.82	1.56	1.50	1.47	1.38	1.42	1.43	1.43

徳 島	1.97	1.89	1.76	1.80	1.61	1.52	1.45	1.26	1.30	1.30	1.35
香 川	1.97	1.96	1.82	1.81	1.60	1.51	1.53	1.43	1.48	1.47	1.48
愛 媛	2.02	1.97	1.79	1.78	1.60	1.53	1.45	1.35	1.40	1.40	1.41
高 知	1.97	1.91	1.64	1.81	1.54	1.51	1.45	1.32	1.31	1.36	1.29
福 岡	1.95	1.83	1.74	1.75	1.52	1.42	1.36	1.26	1.34	1.37	1.37
佐 賀	2.13	2.03	1.93	1.95	1.75	1.64	1.67	1.48	1.51	1.55	1.49
長 崎	2.33	2.13	1.87	1.87	1.70	1.60	1.57	1.45	1.48	1.50	1.50
熊 本	1.98	1.94	1.83	1.85	1.65	1.61	1.56	1.46	1.54	1.58	1.58
大 分	1.97	1.93	1.82	1.78	1.58	1.55	1.51	1.40	1.47	1.53	1.50
宮 崎	2.15	2.11	1.93	1.90	1.68	1.70	1.62	1.48	1.59	1.60	1.61
鹿児島	2.21	2.11	1.95	1.93	1.73	1.62	1.58	1.49	1.54	1.59	1.56
沖 縄	―	2.88	2.38	2.31	1.95	1.87	1.82	1.72	1.75	1.78	1.79

注：全国値は母の年齢15～49歳の各歳における出生率の合計である。都道府県の値は年齢5歳階級における出生率5倍の合計である。国勢調査年次は国勢調査確定数の日本人人口、他の年次は10月1日現在推計人口（5歳階級）の総人口を用いた。
資料：国立社会保障・人口問題研究所「人口統計資料集」、厚生労働省「人口動態統計」

の1.19であるが、京都府は1.20、大阪府は1.28、神奈川県は1.28と、都市部は総じて合計特殊出生率が低い。

　このような出生動向になっているのは、人口の集中する都市部は決して育児をしやすい環境ではないためであると考えられる。詳しくは第3章で述べるが、都市部では待機児童の問題は依然として深刻である。さらに、狭小な住宅、希薄な人間関係、長い通勤時間など、育児をするための環境は総じて都市部では良くない状態にある。

　一方、都市部では合計特殊出生率が低い傾向が続いているにも関わらず、なぜ都市部の人口は減少してこなかったのだろうか。

　都市部の人口が維持されてきたのは、都市部で生まれ育つ子どもが多いからではなく、地方で生まれ育った若者が流入してきたおかげであると考えられる。

　この点について、松田茂樹（2013）は、東京都の出生率は既に1960年時点で1.70であり、今日まで人口置換水準を大きく下回っており、東京都は自らの住民による出産のみではその人口を再生産できず、東京都の人口の減少していない理由は人の社会移動にあることを指摘している。そして、このような都市と地方の関係を「人口消費地の都市、人口供給地の地方」と表現している[1]。

地方からの人口の流入によって人口が増加していたことは、東京都も認識している。東京都が2013（平成25）年3月にまとめた「推計人口資料第65号　東京都男女年齢（5歳階級）別人口の予測（以下、東京都（2013）と呼ぶ。）」によれば、東京都の人口増減については、2005（平成17）年から2010（平成22）年の間の人口増は58.3万人であり、そのうち自然増は3.6万人、社会増は54.7万人であった。[2]

　このため、人口の減少する地方を切り捨ててしまえば、いずれ都市部も衰退することになる。そして、既に人口減少の進行によって、人口供給地と呼べなくなりつつある地方もある。松田茂樹（2013）は、2000年時点をみると出生率が都市で低く地方で高いという構造は大まかに残っていたが、2010年時点をみると東北の出生率は非常に低くなっており、かつてのように出生率が高いグループに属する県が、都市以外の全国各地にあるということではないと指摘している。[3]東北地方の合計特殊出生率の低下は、図表2-1においても明らかである。

　東京都（2013）においても人口流入の減少は予測されており、少子高齢化の進展に伴い、高齢者の死亡数が増加して自然増減数はマイナス（自然減）に転じ、マイナスの幅を拡大していく一方、社会増減数についても、全国的に他県の人口が減少していくため都内への転入者が減少し、社会増減数のプラス（社会増）の幅は徐々に縮小すると予測されている。このため、2015（平成27）年～2020（平成32）年の5年間の人口増は3.1万人（うち自然減マイナス19.8万人、社会増22.9万人）にとどまり、東京都の総人口は2020（平成32）年がピークとなると予測されている。[4]

　また、出生数が10人を切る自治体には、東京都をはじめとした都市部の都道府県に属する自治体が複数含まれていることにも留意しなければならない。このように、人口減少問題は地方だけの問題ではない。増田レポートでは若年女性人口の減少率が5割を超える896自治体を消滅可能性都市としているが、東京都豊島区や千葉市花見川区も消滅可能性都市に含まれている。このように、都市部の代表例である東京23区や指定都市においても、既に人口減少の影響は生じつつある。人口減少問題において、地方はダメだが都市部は大丈夫というような単純な割り切りはできないことも強調しておきたい。

　なお、豊島区は、2016（平成28）年3月にまとめた豊島区人口ビジョン（以

下、豊島区（2016）と呼ぶ。）において、日本創生会議に消滅可能性都市として挙げられたのは社会移動率の決め方によるものであり、近年の人口動態に基づけば、社会増がより大きいと考えられると反論している。[5] いずれにしても、地方からの人口流入によって豊島区の人口が維持されていることは率直に認識されており、豊島区（2016：11）において「豊島区の人口動態をみると、社会動態（転入-転出）がプラス、自然動態（出生-死亡）がマイナスの状況が続いており、転入によって人口増が支えられています。つまり、地方からの流入人口によって豊島区は支えられていることから、地方との共生が必要となっています。」と述べられている。

このように、日本全体の人口減少問題に対処するためには、都市部だけに対策を集中して、地方の人口減少地域を切り捨てることはできない。

2　人口減少を防いでいる地域

ここまで、人口減少地域の厳しい状況について述べてきたが、人口減少を食い止めている地域もある。

序章でも述べたが、長野県下條村は人口4000人程度の山村であるが、高い合計特殊出生率で知られ、奇跡の村とも呼ばれる。その取組みは相川俊英（2015）に詳しく紹介されている。

下條村の取組みは全国的に注目され、2014年11月の「新たな少子化対策大綱策定のための検討会（第2回）」に伊藤喜平村長が招かれ、以下の資料に基づき、村の取り組みを説明している。

図表2-2の資料に示されているように、上條村では手厚い育児支援が行われている。特に経済的支援が充実しており、子どもの医療費は高校生まで無料であり、保育料は約50％軽減されている。さらに若者専用の住宅が整備されており、低廉な家賃で利用できるようになっている。この若者専用住宅の建築は補助金なしで行われたと記載されており、上條村の独自事業である。

これだけの充実した育児支援・若者支援を行いながら、村の財政状況は良好である。それでは、もともと豊かであったために、充実した対策を講じられたのであろうか。

第2章　人口減少地域の課題と対策の方向性

図表2-2 （資料2） 下條村の概要と主な施策

下條村の概要と主な施策

村の沿革
- 明治22年4月1日 陽原村、親田村が合併し、下條村となる。
- 以後125年単独村としてここに至る。

村の位置
- 長野県の最南端下伊那郡のほぼ中央に位置し、裏で飯田市街、中央道飯田インターから20分、三遠南信自動車道天竜峡インターから6分の距離。

面積
- 全体面積 37.66Km² (うち山林26.12Km² 林野率69.4%)

人口等（H25年10月 県情報統計課）

区分	S25年	H2年	H12年	H22年	H26年
人口	6,410	3,859	4,024	4,163	4,024
世帯数	1,082	983	1,131	1,295	1,288

3区分別人口

区分	0～14歳	15～64歳	65歳以上	計
人口	622	2,223	1,208	4,053
割合	15.3%	54.8%	29.8%	100.0%

合計特殊出生率
H15年～19年 2.04人　H20年～H24年 1.86人　25年単年では1.88人

少子化対策施策
- ★医療費　高校生まで無料
- ★出産祝金　第2子5万円　第3子以上20万円
- ★保育料　平成19年度から4年間で約40%減額　平成24年度に10%減で計約50%の削減
- ★入学祝い　小学校入学祝2万円分、中学校入学祝5万円分　村価工会商品券で配布（H26.4～）
- ★義務教育の給食費補助　50%補助
- ★若者専用住宅　補助金を使わない住宅建設　平成9年度～18年度で10棟124世帯、2LDK(床面積約65㎡)家賃33,000～34,000円　地区・村の行事参加や消防団加入等条件あり

★インフルエンザ予防接種補助　0歳から中学生までの接種2,000円補助
★子育て応援基金　7億円の基金でその果実（利子）を子育てに支出
★若者定住促進住宅　新増改築工事補助事業（対象者45歳以下）新築は10%補助、上限100万円まで、増改築は10%補助、上限50万円まで
★チャイルドシート購入補助・ブックスタート（7～8ヶ月児に絵本贈呈）・保育所入所前の親子の「にこりい広場」開設 etc

成人・高齢者施策
★各種健診料　80%補助
★75歳以上の後期高齢者医療費自己負担の50%補助（23年1月～）
★71歳～74歳までの医療費自己負担の30%補助（24年1月～）
★在宅介護しあわせ推進事業　月1万円支給（介護度3以上在宅での介護者へ）
 <70歳以上60%補助（26年4月～）>

特徴ある事業
★資材支給等（村民自ら行う公共事業）　平成4年度から25年度末まで延1,565か所　原材料費22年度間で2億9645万円
★下水道事業　村オーール合併浄化槽化　25年度末で949基　水質検査料全額補助　保守点検料3/4補助　消掃料（汚泥引抜）1/2補助
★住宅リフォーム等補助事業
★中学生海外研修事業　中学1年生を対象に3泊4日の所修　約50%補助
★小・中学校へ村費講師派遣（先生増員先生）　3名雇用
★情報インフラ整備事業　全戸に光ケーブルテレビ網告知システム（CATV・高速インターネット）

財政状況（平成25年度決算）
★起債残高　一般会計 11億1746万円　交付税措置を引いた実質負債 1億1457万円
★基金残高　一般会計 60億3316万円
★平成25年度決算に基づく財政の健全度を示す指標
・経常収支比率 65.1%
・将来負担比率 マイナス6.4%（全国第3位）<1742市区町村中>
・実質公債費比率 マイナス6.4%（全国第3位）<1742市区町村中>

答えは否である。自治体の財政力を示す指標である財政力指数は1を超えると富裕団体と呼ばれるが、上條村の財政力指数は0.2台と低い。しかし、1992年に就任した伊藤村長による財政改革の結果、財政の余裕度を示す経常収支比率は60％台に改善した。改革の内容は、まず村役場を少数精鋭にすることであり、伊藤村長が就任した1992年に正規の職員数は51人だったが、2015年4月には39人にまで削減されている。そして、村役場をスリム化するとともに、村民にも汗をかくことを求めている。上條村では、資材支給事業という独自施策が展開されているが、その内容は、村道や農道、水路などの整備を住民自らが行い、村はその資材を支給するというものである。当然ながら、当初は反対の声が巻き起こったようであるが、伊藤村長は改革を断行した。

　こうして財政を健全化して、図表2-2に示されているような充実した少子化対策が実施されている。資材支給事業と同じことをするのは非常に困難であると思われるが、徹底した行政改革を行い、地域住民にも負担を求め、捻出した予算で育児支援を行うというのは、人口減少地域の向かうべき方向性を示していると思われる。

　また、北陸地方は幸福度が高いことでも注目されるが、比較的出生率が高いことでも知られる。その点に着目して、藤吉雅春（2015）は全国の参考になるモデルとして「福井モデル」を提唱している。福井県は子どもが生みやすく育てやすい環境であり、それでいて女性が働きやすい環境であり、共働き率、出生率、女性の労働力率が、いずれも日本でトップクラスである。また、福井県には「他人を受け入れる」という寛容性があることも指摘されており、福井県鯖江市において、看護師の設立したベンチャービジネスが周囲の助けを得てグッドデザイン賞を二度受賞した事例が紹介されている。

　また、静岡県では長泉町は、将来にわたって、ほぼ人口を維持できると推測されている。筆者は2013年9月にゼミ生と一緒に長泉町役場を訪問した。長泉町では少子化に関する政策全般について説明を受けたが、特に少子化対策に力を入れたわけではないが、住民の要望に応えていった結果、育児環境も整ったのだろうということであった。事前の予想では、長泉町では育児支援策など少子化対策に力が注がれているのではないかと考えていたため、意外な結果であった。

一方、静岡県東部では長泉町は育児がしやすいまちとしてよく知られている。自治体では特に力を入れていないにも関わらず、なぜこのようなイメージが定着しているのだろうか。

静岡県の児童支援に詳しい人に聞いて回ったところ、長泉町は子どもの医療費助成を他自治体に先駆けて実施したため、育児がしやすいまちとして認識されるようになったのではないか、とのことであった。

育児がしやすい地域というイメージが広がることは、育児世代に引っ越してきてもらう対策として重要な要素であると考えられる。育児がしやすい地域としてアピールするためには、他の地域とは差別化を図る必要があり、長泉町の例からは、先進的な育児支援対策を他の自治体に先駆けて実行することは、一つの方法であると思われる。

地域のイメージづくりについては、第7章で論じることにしたい。

3　人口減少対策の方向性

ここまで、人口減少問題が深刻であることを述べてきた。しかし、危機感を煽ることが本書の目的ではない。地域において、どのような人口減少対策が考えられるだろうかということが、本書のテーマである。具体的な対策は次章以降で論じるが、大まかな方向性について、ここで述べておきたい。

現状としては、いわゆる増田レポートを受けて地方の人口減少問題が広く認識されるようになり、地方創生においても人口減少対策は中心的な課題となり、各地で様々な対策が講じられている。人口減少の要因には、出生数の減少による自然減と人口の流出による社会減とがある。人口減少対策を議論する際には、どちらを重視するのかということも論点になる。手っ取り早く人口減少を防ぐには人口の流出を止め、人口の流入を促す社会減対策が効果的だと考えられ、実際に、引っ越してきたら一時金を給付するなどの流入増対策を講じている自治体も少なくない。これに対し、出生数の増加を目指す自然減対策は効果が生じるまでに時間がかかり、また、出生動向には様々な要因が絡むため、必ず効果が生じるという確証はなく、たとえば公的な支出を行う場合には費用対効果の点で疑問をもたれやすい。

しかし、多くの地域で社会減対策に重点が置かれれば、いわば人口の奪い合いになる。言い換えれば、縮小するパイの分配を争うことになり、全体として人口減少対策にはならない。たとえば、仮に手厚い引越支援を行うことで一時的に人口が増加しても、近隣の市町村がさらに手厚い引越支援を行えば、今度は人口の流出を招くだろう。一般論として人口が減少する自治体は税収も減少するため、財政余力は少ないと考えられるのに、そのような消耗戦に突入することが中長期的に良い結果を招くとは思えない。

やはり、根本的な人口減少対策は自然減対策であるだろう。せっかく人口が増えても流出してしまっては効果がないという意見もあるだろうが、人口の自然減対策とは、子どもを産み育てやすい環境を整えることである。そのような地域は育児世代の住みやすい地域でもあることから、結果的に育児世代の人口流出を防ぐことにもつながると期待される。

このため、本書では、人口の自然減対策を中心に考察することにしたい。

4　先行研究の整理と用語の確認

次章以降、地域における人口減少対策を論じていく前に、主な先行研究の確認と、本書における用語の整理とを行っておきたい。

1)　先行研究
①　人口に関する研究

人口に関する研究には、様々な先行研究がある。

古くはマルサスの『人口論』がある。1798年に書かれた『人口論』において、マルサスは、「人口は、何の抑制もなければ等比級数的に増加する。一方、人間の生活物資の増え方は等差級数的である」と述べている[13]。そして、人口が増える力は、土地が人間の食糧を生産する力よりもはるかに大きく[14]、「食糧の増産なしに人口が増えていくならば、その結果は必然的かつ不可避的に、同じ量の食糧をより多くの数で割ることになる。そうすると、一日の労働で購入できる食糧はますます少量となり、したがって、貧乏人は全体としてますます生活が苦しくなるに違いない[15]」と論じている。マルサスの人口論は、人口の増加

に食糧の増産が追いつかないために、人口が増加することは貧困をもたらすというものであった。

　この点について、吉川洋教授は「牧師であったマルサスが貧しい人々の苦しみに無頓着であったはずがない（吉川 2016：22）」と指摘している。人口は自然に増加し、食糧増産は人口増加に追いつけないために人口増は貧困層を苦しめることになるため、人口増は抑制すべきであるというのが、マルサスの人口論である。

　食糧不足はいまでも途上国では深刻な問題である[16]。しかし、先進国では少子化が進み、将来の人口減少が予測されている。少子化に伴う人口減少は生産要素としての労働力人口の減少につながり、また内需の縮小にもつながることが懸念され、さらには将来の税や保険料を負担する人口が減少することから、日本を含む先進国では育児支援などの少子化対策が重要な政策課題となっている。

　ところで、人口減少は歴史上初めての出来事なのだろうか。人口は過去から一本調子で増加してきたのだろうか。鬼頭宏静岡県立大学長は『人口から読む日本の歴史』（講談社、2000）において、日本では過去にも人口が減少あるいは停滞した時期があり、過去1万年の間に四つの波があったことを指摘している[17]。そして、人口の歴史をみると、現在起きている日本の人口変動も異常な事態ではなく、1974年の人口白書では日本の出生率を引き下げてすみやかに人口が増えも減りもしない「静止人口」を達成すべきであると訴えられていたことを指摘し、少子化の受け入れと静止人口の実現が必要であると論じている[19]。これまで人口は増加を続けたと思われがちであるが、過去にも人口の減少や停滞が生じており、過度な悲観論に陥るべきではないというのは重要な指摘であると考えられる。

　広井良則教授もまた『人口減少社会という希望』（朝日新聞出版、2013）において、人口減少は拡大・成長といった「上昇への強迫観念」から脱出し、本当に豊かで幸せを感じられる社会をつくるチャンスではないかと論じている[20]。一方、人口減少が続くことは、望ましいと思う子どもの数と実際の子どもの数の間にギャップがある社会と言う意味でも好ましくなく、当面の人口減少は変えようがないが、出生率が徐々に回復して人口置換水準の2.08程度にまで回復す

ることが望ましく、均衡あるいは定常人口で推移するという展望を述べている[21]。

　これに対し、加藤久和教授は『8000万人社会の衝撃——地方消滅から日本消滅へ』（祥伝社、2016）において、人口減少を楽観することに警鐘を発し、人口減少は労働力人口の減少によって経済の潜在的な生産能力を低下させ、社会保障制度への影響も深刻である[22]ことなどを述べている。また、将来的な静止人口の実現についても疑問視している。

　また、人口減少を地方の視点からみて、増田寛也氏は『地方消滅』（中央公論新社、2015）において、このままでは多くの都市が消滅すると警鐘を鳴らした。増田レポートにおいて提示された894の消滅可能性都市のリストについて、東京一極集中のために地方都市の多くに消滅の可能性があるが、リストには豊島区など都市部の都市も含まれており、地方だけの問題ではないことも述べている。そして、東京一極集中を止めるために地方中核都市がダムの役割を果たすこと[23]や、中高年の地方移住の促進などを提言している[24]。

　増田レポートを受けて様々な議論が生じたが、『全論点　人口の急減と自治体消滅』（時事通信社、2015）は、人口減少と地方の問題に関して有識者がどのように考えているか、知事など実務家も含めて網羅的にまとめられており、人口減少と地方の問題を考察する際に参考になる。

　吉川洋教授は『人口と日本経済』（中央公論新社、2016）において、財政・社会保障や地域の将来に人口減少が大きな影響を与えることを認めたうえで、明治の初めから今日まで150年間、経済成長と人口はほとんど関係ないと言えるほどに乖離していることを示し[25]、先進国の経済成長は人口ではなくイノベーションによって引き起こされると指摘している。

　このように、人口減少を巡っては様々な議論があるが、人口減少に対して過度な悲観論に陥る必要はないが、社会保障や地域政策の観点から、現状の将来推計人口において予測されているような急速な人口減少は問題があるという点では一致しているものが多く、本書も同じ立場をとる。

② 　少子化対策、家族政策に関する研究

　日本では少子化が長期化したため、人口が大幅し、特に生産年齢人口が急速

に減少することが予測されている。しかし、エンゼルプラン以来、累次の少子化対策は実施されている。

　松田茂樹教授は『少子化論』（勁草書房、2013）において、これまでの国の少子化対策を検証し、保育と両立支援は前進したが、それ以外の面の対策はあまり充実しなかったと指摘し、子育てや教育にかかる費用負担の重さへの対策や、若年層における雇用の悪化に対する対策は弱かったと述べている。[26]

　本書においては、保育料の自己負担について詳述し、その軽減を論じる。

　また、保育サービスの量は拡大したものの、待機児童はなお増加を続けていることが知られている。このため、報道では待機児童問題が大きく取り上げられるが、筆者は伊豆市におけるフィールドワーク等を通じて、人口が減少する地域では待機児童の問題はないが、保育所が赤字によって閉所になる問題があることに問題意識を持った。このため、本書では保育所の機能を残す方策について論じる。

　育児の経済的支援については、最近、自民党の若手議員によるこども保険の提言が注目されている。出生動向を回復するために育児の経済的負担を軽減するためにも、高齢者に偏重している社会保障の世代間バランスをとるためにも実現が望まれるが、育児の経済的支援のための社会保険というアイデア自体は新しいものではない。たとえば、鈴木眞理子氏や山崎泰彦教授らのグループによる『育児保険構想』（筒井書房、2002）は、2000年代初頭に出版されている。山崎泰彦教授は後に社会保障改革国民会議の座長をつとめ、日本の社会保障給付が高齢者に偏重しており、育児支援などの若年層への支援を強化する必要があるという報告書をまとめている。

　本書では、育児の経済的支援のために保育料の自己負担の軽減や児童手当の所得制限を外すことに加え、教育費の自己負担の軽減についても論じる。

　育児の経済的負担を議論するには教育費の問題は避けて通れないが、『図表による教育　OECDインディケータ（2015年版）』には豊富なデータが掲載されており、日本の教育費は公的支出が少なく親の負担が大きい傾向にあり、特に就学前教育と高等教育においてその傾向が強いことが示されている。

③ 地域包括ケアに関する研究

地域包括ケアを介護保険制度に位置づけた際の担当局長であった宮島俊彦氏の『地域包括ケアの展望』(社会保険研究所、2013) は、どのような背景があり、どのような意図で地域包括ケアが導入されたのかの実情を述べている。

地域包括ケアは、医療においても介護においても入所ケアから在宅ケアに重点が移ったことを象徴している。在宅ケアでは、24時間在宅ケア構想があるといっても、入所ケアのように専門家が常に要介護高齢者の近くにいるわけではなく、家族の負担になる部分は避けられない。このため、家族介護者支援の重要性は、筒井孝子『介護サービス論——ケアの基準化と家族介護のゆくえ』(有斐閣、2001) などにおいて指摘されてきた。

本書では、非婚化の進行や家族の縮小などに伴い、介護の孤立のリスクが高まっていることを指摘して、家族介護者の支援の重要性を論じる。

また、地域包括ケアの対象は高齢者であるが、育児と介護を同時に行うダブルケアが増加している。内閣府男女共同参画局の「育児と介護のダブルケアの実態に関する調査報告書」(2016) は、ダブルケアを行う人たちの現状を詳しく調査している。本書においては、育児と仕事の両立支援の観点からも、育児と介護をエイジレスに統合したケアについて論じる。

さらに、地域包括ケアについては医療と介護の統合に注目されることが多い。しかし、藤本健太郎 (2012) においても指摘したように、都市部から人間関係が希薄化し、今では地方でも助け合う人間関係は薄れている。このため、本書では、近所や家族の支援を受けにくい高齢者が増えており、見守り支援や日常生活上のちょっとした支援が重要であることを論じる。

④ 両立支援、まちづくりに関する研究

本書では、社会保障政策の枠を越えて両立支援、まちづくりについても論じている。

仕事との両立支援については、育児と仕事の両立支援については早くから議論が行われており、待機児童の解消もその対策の一環である。しかし、仕事との両立のために支援が必要なのは育児だけではなく、介護離職が問題になっているように、介護も同様である。また、病気の家族を看護しながら働く人や、

障害のある子どもを育てながら働く人に対しても両立のための支援が必要であると考えられる。今野浩一郎教授が『正社員消滅時代の人事改革』（日本経済新聞出版社、2012）において提唱した「制約社員」という概念は、何らかの制約があって仕事だけを優先できない人を指しており、両立支援を考えるうえで重要な概念である。このため、本書においては、制約社員を念頭に置いて両立支援を論じる。

　両立支援策としては、保育サービスの充実、ワークライフバランスの推進などが実施されてきたが、本書では、縦割りを越えた両立支援策として、初等教育における親の負担軽減を論じている。PTAや学童保育において、専業主婦家庭がいることが前提であるかのように親に負担を強いている事例は多い。PTAの問題について、大塚玲子氏は『PTAをけっこうラクにたのしくする本』（太郎次郎社エディタス、2014）において、PTAの役員が強制的に決められる事例や、病気や家庭の事情によって断る場合、プライバシーを多くの人にさらけ出す必要がある問題などを指摘し、PTAをボランティア制にして成功した事例を紹介している。

　まちづくりについては、人口が減少する社会では、コンパクトシティの理念に基づいてまちなかに集住することが考えられる。財団法人都市計画協会による『コンパクトなまちづくり』（ぎょうせい、2007）においては、まちづくり三法の改正によるコンパクトなまちづくりの考え方が説明され、全国の取組み事例が紹介されている。

　コンパクトシティは国土交通省が推進し、多くの自治体の都市計画にも盛り込まれたが、住み慣れた場所を離れたくないという反発が生じている。コンパクトシティを推進した論者の一人である大西隆教授も、「縮小時代の国土政策――地方創生の課題と展望」『明日の地方創生を考える』（土地総合研究所編、東洋経済新報社、2015）において、内閣府の世論調査等を踏まえて、国民多数の支持を得ているわけではないと述べている[27]。また、姥浦道生教授は、「地方創生を支える都市・農村空間のあり方――「コンパクト」シティから「サステナブル」シティへ」『明日の地方創生を考える』（土地総合研究所編、東洋経済新報社、2015）において、コンパクトシティに対して「一極集中を目指すのか？」、「農村部は見捨てるのか？」という議論があることを指摘し[28]、コンパクトな都市を

作ること自体が目的ではなく、サステイナブルな都市・社会をつくることが目的であると指摘している[29]。このようなコンパクトシティに対する反発を受けて、饗庭伸氏は『都市をたたむ』（花伝社、2015）において、長期的にはコンパクトシティを実現すべきだが、短期的な実現は不可能であるとして、短期的にはスポンジ化の構造を活かしたかたちで都市空間をつくることを提言している[30]。

　本書では、育児や介護との両立支援のためには、職住近接に加えて、在宅ケアの拠点も近いことが重要であり、社会的孤立を防ぐためにも、長期的にはまちなかに集住することが望ましいことを論じる。そして、人口減少社会においても持続可能なまちという意味で、「サステイナブルタウン」という考え方を提唱する。

2）　用語の整理

「地方と地域」

　第1章の冒頭のページでも説明したが、本書における地方と地域の使い分けは重要であると思われることから、改めてここで整理しておきたい。

　本書では、首都圏などの都市部の対義語として地方という言葉を使う。一方、人口減少対策の対象となるエリアを論じる際には主として地域という言葉を使う。その理由は、都市部においても人口減少が進行する地域があることと、地方自治体が存続すれば合併前の旧市町村が消滅しても良いとは言えないという問題意識を持っているからである。本書において人口減少対策を議論する際には自治体単位で考察をすることも多いが、可能な場合には、旧3,218市町村を念頭に置いた地域について考察する。

「人口減少地域」

　増田レポートでは、若い女性の人口の減少に着目して自治体消滅の危機を論じており、将来の出生数という点では確かに重要な視点であると考えられる。ただし、出生数が減少し、保育所や小学校などの地域の育児支援機能が喪失すれば、その地域では育児をすることが困難になり、地域の消滅につながると考えられる。このため、本章では出生数に着目して論じる。そのうえで、出生数

には変動もあることから、出生数が何人以下の場合は人口減少地域というような定義は置かず、出生数の減少に伴って保育機能の喪失が懸念され、さらに近い将来において小中学校の維持が困難になると懸念される地域を本書では「人口減少地域」と呼ぶ。

「少子化対策と人口減少対策」

　育児支援などに関する従来の対策と本書で論じる総合的な対策とを区別するために、前者を「少子化対策」と呼び、後者を「人口減少対策」と呼ぶこととする。人口減少対策においては、少子化対策においてメニューに入っていなかった育児の経済的支援策を重視し、また、既に子どもが減少した地域においてどのような対策を講じるべきかを視野に入れて考察する。

「エイジレスに統合された在宅ケア」

　子どもの人数が少なくなった地域では、保育所は定員割れとなって赤字が続き、存続が難しくなる。このため、高齢者の在宅ケアと保育を統合することにより、たとえば調理施設を共有することによって効率化を図り、また、一時的に保育部門が赤字でも高齢者部門の黒字によって経営を維持できるようにして、地域に保育の機能を残すことを本書では論じる。子どものケアと高齢者のケアを統合することには、人間関係の希薄化によって薄れつつある世代間交流を促進する効果も期待できる。このようなケアを本書では「エイジレスに統合された在宅ケア」と呼ぶ。

「サステイナブルタウン」

　育児や介護と仕事の両立を支援するためには、保育所やデイケア、職場と住宅が近くにあることが望ましい。また、24時間在宅ケアを実現するためにも、ケアの必要な高齢者がある程度集住していることが望ましい。このため筆者は、長期的にはコンパクトシティの理念に基づくまちづくりが必要であると考える。しかし、住み慣れた地域を離れることへの抵抗感は強く、コンパクトシティへの反発も強い。こうした状況を受けて、本書では人口減少地域においても持続可能なまちづくりという意味で「サステイナブルタウン」という考え方

を提唱する。サステイナブルタウンの詳細は第7章で述べるが、商店街の空き店舗等を利用して、在宅ケアに関する公私の拠点を集約し、保育スペースを備えた雇用の場もつくるなど、両立支援を強く意識したまちづくりである。また、商店街のある中心市街地から遠い場所では、廃校になった学校を利用して、在宅ケア、雇用の場、商業機能を備えた拠点を整備することを一つの選択肢として提示する。

「タウンアイデンティティ」

　本書では、人口減少地域に都市部から現役世代の移住を促進するために、育児や介護をしながら働きやすいまちをつくることを論じる。そのようなまちづくりは行政機関だけでは実現できず、市民との連携が欠かせないと考えられる。このため、企業イメージについてコーポレートアイデンティティが重要であると言われるが、まちのイメージも重要であると考えられる。このため、詳細は第7章で述べるが、本書ではタウンアイデンティティの確立を提言する。

[注]
1) 松田（2013）p. 148
2) 東京都（2013）「5　要因別人口増減数」の記述による。
3) 松田（2013）pp. 147-148
4) 東京都（2013）「5　要因別人口増減数」の記述及び図14による。
5) 豊島区（2016）pp. 7-8
6) 基準財政収入額を基準財政需要額で除して得た数値の過去3年間の平均値であり、財政力指数が高いほど普通交付税算定上の留保財源が大きく、財源に余裕があることになる。
7) 相川（2015）p. 62
8) 同上 pp. 46-47
9) 同上 p. 51
10) 藤吉（2015）p. 225
11) 同上 pp. 150-158
12) 訪問に当たっては、静岡県地域福祉課に仲介していただいた。
13) マルサス（1798）／斉藤悦則訳（2011）p. 33
14) 同上 p. 30
15) 同上 p. 110
16) FAO（2015）は、2014～2016年において、世界中でおよそ7億9,500万人の人々が栄

養不足に苦しんでおり、人類の9人に1人が栄養不足に苦しんでいることを指摘している。

17) 鬼頭（2000）pp. 18-19
18) 同上 p. 268
19) 同上 pp. 271-273
20) 広井（2013）pp. 6-7
21) 同上 p. 8
22) 加藤（2016）pp. 61-62
23) 増田（2014）pp. 51-52
24) 同上 pp. 57-59
25) 吉川（2016）p. 72-73
26) 松田（2013）pp. 23-25
27) 大西（2015）p. 72
28) 姥浦（2015）p. 48
29) 同上 p. 54
30) 饗庭（2015）p. 135

第 **3** 章

保育サービスの充実
―― 重い自己負担、待機児童と保育所閉所、小一の壁 ――

　2016年2月に「保育園落ちた。日本死ね」という匿名ブログが話題になり、国会でも取り上げられた。女性活躍を政権がうたっているのに子どもを保育所に預けることができず、自分は社会で活躍できないことへの怒りを表したものであった。

　保育所の定員不足のために子どもを預けることができず、一方で自分の代わりに昼間の育児をしてくれる家族などがおらず、仕事を辞めざるを得ない母親はこれまでも多くいた。その意味では決して新しい問題ではないが、ようやく社会の関心が高まったように思われる。都市部において育児と仕事の両立支援のために待機児童を解消することは喫緊の課題である。

　一方、地方では保育に関して、待機児童とは異なる深刻な問題が生じている。前章で述べたように、子どもの人数が減少した地域では保育所が閉所に追い込まれるなど、地域で育児を支援する機能が喪失されることが懸念される。

1　なぜ保育の充実が必要なのか

　本章で保育を巡る課題を論じるにあたり、まず、なぜ保育サービスの充実が重要な政策課題となっているのかについて、その背景などを確認しておきたい。

　保育サービスは、かつては親を亡くした子どもたちのケアを行うことが中心であったが、現在では、親が働いている間に親の代わりに子どものケアを行うことが中心となっている。このため、保育サービスは育児と仕事の両立支援策の中心ともなっている。

　もとより、仕事は稼得手段であるのみならず、社会に貢献して自己実現する手段でもあることである。男女共同参画社会がうたわれており、女性も自己の

第3章 保育サービスの充実

図表3-1 「夫は外で働き，妻は家庭を守るべきである」という考え方に関する意識の変化

(女性) (％)

	賛成	どちらかといえば賛成	どちらかといえば反対	反対	わからない
平成28年9月	8.3	28.7	37	21.5	4.5
平成26年8月	11.2	32	34.2	17.4	5.1
平成24年10月	12.4	36	30.4	18.4	2.8
平成14年7月	12.8	30.5	29.4	21.7	5.6
平成4年11月	19.8	35.8	26.4	11.9	6.1
昭和54年5月	29.1	41	18.3	4.5	7.1

(男性) (％)

	賛成	どちらかといえば賛成	どちらかといえば反対	反対	わからない
平成28年9月	9.4	35.3	32.2	17.2	5.8
平成26年8月	14.2	32.3	32	14.5	7
平成24年10月	13.3	41.8	25.2	15.8	3.8
平成14年7月	17.2	34.1	24.1	18	6.7
平成4年11月	26.9	38.8	20.9	7.7	5.7
昭和54年5月	35.1	40.5	13.4	4	7

出所：平成29年版男女共同参画白書　1－3－5図

能力を活かして社会で活躍できることが望ましいことは現代の日本の共通理解であるはずである。しかし、子どもを育てるのは専ら親の責任であると考える人もまだ多く、性別役割分担の考え方に基づき、母親は仕事よりも育児を優先すべきであるという意識は薄れつつあるものの、未だに根強い。平成29年版男女共同参画白書によれば、「夫は外で働き、妻は家庭を守るべきである」という性別役割分担意識の変化は、上の表のとおりである。

図表3-1に示されているように、2014（平成26）年8月の調査では、男性では「賛成」と「どちらかといえば賛成」の合計は46.5％であるのに対し、「反対」と「どちらかといえば反対」の合計は46.5％と拮抗していた。平成28年9

月の調査において、ようやく「反対」と「どちらかといえば反対」の合計が49.4％と約半数に達し、「賛成」と「どちらかといえば賛成」の合計の44.7％を上回るようになった。女性については、男性よりも性別役割分担意識は薄いが、2016（平成28）年9月の調査においてもなお、「賛成」と「どちらかといえば賛成」の合計は37％と4割に近い。

　しかし、女性が能力を活かして仕事をすることは、日本の人口動態を考えれば、今や社会の要請というべきである。以下、その点について少し詳しく述べることにしたい。

　人口の動態については、従来は高齢化の進行に関心が集まっていた。しかし、序章において述べたように、生産年齢人口の不足についてもっと関心が払われるべきであると筆者は考えてきた。生産年齢人口（15～64歳）は戦後一貫して増加していたが、1995年の8,726万人をピークとして減少を始めている。2017年の将来人口推計によれば、2015年には生産年齢人口は7,728万人にまで減少し、今後さらに減少を続け、2040年には6,000万人を割り込んで5,978万人となり、2065年には4,529万人にまで落ち込むと推計されている。ピーク時のほぼ半数にまで減少することが推測されていることになり、日本の生産年齢人口は非常に大幅な減少が予測されている。

　生産年齢人口は、実際に働く人数である労働力人口と等しいわけではないが、連動する。もし労働力人口が半減するならば、他の条件が一定であれば、労働生産性が2倍にならない限り、現在のGDPを維持することもできない。吉川洋（2016）において指摘されているように、人口の減少によって経済成長ができなくなるわけではなく、労働生産性の向上は重要な課題であり、イノベーションを起こす努力は必要であるだろう。しかし、吉川洋（2016）も人口減少が財政、社会保障や地域の将来に大きな影響を与えることは認めている。

　このため、労働力人口の急速な減少を緩和する対策は必要であると考えられる。

　将来の人口については、上述した2017年推計の結果は深刻なものであるが、あくまでも推計であり、出生動向が回復するなどの前提条件が好転すれば、結果も変わってくる。たとえば2017年推計では出生中位推計だけではなく出生高位推計も示されており、図表0-1に示されているように、もし長期的な出生率

が1.65にまで回復すれば、生産年齢人口は2040年には6,081万人と6,000万人台を割り込まず、2065年にも、4,950万人と、ほぼ5,000万人が維持されることが見込まれている。

労働力人口の減少を緩和する対策としては、移民を大幅に増加させることも考えられるが、その前に国内で行える対策がある。それは女性の就労率の向上である。

日本は他の先進国と比べ、女性の就業率が低い。OECD の Employment Outlook2015によれば、25～54歳の日本の男性の就業率は92.1％であり、OECD 加盟国の中で最も高い[1]。しかし、25～54歳の日本の女性の就業率は71.8％であり、スウェーデン（82.8％）、スイス（81.8％）、ノルウェー（81.4％）などが80％を超えていることに比べると低い。

女性の就業率が低いということは、逆に言えば、女性の就業率を引き上げる余地があるということである。

日本において、労働力人口の大幅な減少に伴う経済成長の停滞を防ぐ鍵が女性の就労率の向上であることは、IMF のエコノミストも指摘している。スタインバーグ・中根（2012）は、現状のままでは日本の経済成長は厳しいが、女性の就業率を G7（日本とイタリアを除く）のレベルに引き上げられれば一人あたりの GDP が4％増え、さらに北欧レベルに引き上げられれば一人あたりの GDP はさらに4％増えると推計されることを示し、日本は働く母親に対してより手厚いサポートをすべきであることなどを提言している。

このように、今や女性が能力を活かして働くことは社会の要請と言える。専業主婦という選択が否定されるわけではないが、敢えて言い切れば、社会にとって望ましいのは、女性が結婚や出産に伴って家庭に入ることではなく就労を続けることである。本章では保育に焦点を当てていることから詳しく述べないが、税制における配偶者控除や年金制度における3号被保険者制度、医療保険制度における被扶養配偶者が家族被保険者になる仕組みなど、専業主婦を優遇してきた従来の政策については、見直しを避けられないだろう。

女性の就業率を上げる必要があると述べたが、そのためにはどうすれば良いのだろうか。日本の女性の就業率については、就業率を縦軸にとり、年齢を横軸にとった場合、いわゆる M 字カーブを描くことが知られている。近年、女

図表 3-2　年齢階級別にみた15歳以上の男女の就業の状況

男

年齢	仕事あり	正規の職員・従業員	非正規の職員・従業員
15〜19歳	15.6	7.1	7.3
20〜24	69.9	44.8	20.8
25〜29	90.0	68.7	14.7
30〜34	93.6	72.1	10.3
35〜39	94.1	71.9	8.2
40〜44	94.7	71.6	5.8
45〜49	93.5	70.6	6.6
50〜54	94.4	68.8	7.2
55〜59	92.0	61.8	7.7
60〜64	78.0	24.6	27.7
65歳以上	35.3	4.0	10.3

女

年齢	仕事あり	正規の職員・従業員	非正規の職員・従業員
15〜19歳	14.5	3.6	10.2
20〜24	73.0	44.1	26.5
25〜29	79.4	48.7	26.4
30〜34	70.5	36.5	27.7
35〜39	70.9	32.5	30.5
40〜44	74.8	37.1	29.1
45〜49	77.2	40.6	27.3
50〜54	76.1	39.3	25.0
55〜59	69.1	34.6	21.8
60〜64	50.4	6.9	28.7
65歳以上	17.7	1.0	6.0

注：「仕事の有無不詳」を含まない。
出所：平成27年度国民生活基礎調査　結果の概要 p.9

性の就業率は上昇傾向にあり、M字の底は浅くなってきているが、図表3-2に示されているように、いまだにM字カーブは解消されていない。

2015（平成27）年の国民生活基礎調査によれば、女性の年齢階級別の就業率は25〜29で79.4％、45〜49歳で77.2％であるのに対し、M字カーブの底となる30〜34歳では70.5％である。M字が生じている主な原因は、出産を機に女性が仕事を辞めることにあると考えられている。したがって、女性の就業率を向上させるためには、育児と仕事の両立を支援することが必要である。

図表3-2に示されているように、男性の場合はM字カーブにならずに台形を描いている。さらに、男女のデータを比較すると、男性は25〜54歳では正規雇用の比率が7割前後であるのに対し、女性は正規雇用の比率が低いことが際立つ。女性の就業状況は、正規雇用比率が最も高い25〜29歳では、非正規雇用が26.4％に対して正規雇用は48.7％と正規雇用のほうが多いが、それでも50％は超えていない。その後、年齢が高まるにつれて正規雇用の比率は低下し、35〜39歳で非正規雇用が正規雇用を逆転する。就業率だけをみれば25〜29歳に次いで45〜49歳は77.2％と高いが、その内訳は非正規雇用が40.6％と過半数で

あり、正規雇用は27.3%に過ぎない。年齢の高い女性では非正規雇用が中心になっている背景には、日本の労働市場は新卒一括採用が基本であり、硬直的であることがあると考えられる。いったん出産等のために離職すると、能力のある女性でも、再び労働市場に戻る際には非正規雇用しか選べないことが多いと考えられる。

このように女性は男性に比べて非正規比率が際立って高いことは、男女の賃金格差が解消しない原因にもなっている。さらに、非正規雇用の場合は国民年金に加入していることが多いが、国民年金は厚生年金に比べると給付水準は大きく低い。また、厚生年金に加入し続けたとしても、厚生年金は報酬比例の保険料であり、現役時代に負担した保険料の大きさに比例して老齢厚生年金は算出されることから、現役時代の賃金格差は老後の経済格差にもつながる。

第2章で述べた福井モデルは、男女ともに正社員で共働きである。老後も含めた生活の安定という点では、やはり正社員で共働きが望ましい。

さらに、一般的に非正規雇用は低いスキルの労働に従事することが多く、昇進もしにくいことを考慮すれば、日本経済は女性の潜在的な能力を活かしきれていないといえる。人口の減少に伴い労働力人口の減少が見込まれる中で、経済成長を維持しようと思えば、労働生産性を上昇させる必要がある。その意味でも、働く女性が能力を十分に発揮できるようにすることは、喫緊の課題である。

いったん出産によって労働市場を離れて、育児が一段落して再度働く際にも正規雇用の仕事に就けるようにすることが望ましい。そのためには、新卒一括採用ではなく中途採用の比重も高め、労働市場の流動化を促進する必要がある。

また、育児と仕事の両立支援に関しては、家族の縮小や人間関係の希薄化等により、以前よりも家庭や地域の育児を支援する機能が低下していることにも留意すべきである。藤本健太郎(2012)において指摘したように、日本では社会的孤立が広範に進行しており、育児協力者を周囲に見出すことは難しくなっている。育児を手伝ってもらいたい場合に最初に想起されるのは家族であるが、家族規模は縮小を続けている。祖父母とは別居することが通例であり、少

子化に伴い兄弟姉妹が少なくなっており、育児を助けてくれる家族を見出しにくくなっている。そして、地域の人間関係は希薄化し、かつての日本社会のように、近所の育児経験豊富なおばちゃんにサポートしてもらうことも難しくなっている。

　育児協力者がいれば、親が体調を崩したり、急な用事ができたときにちょっと子どもを預かってもらったり、子どもの様子がおかしいときに相談にのってもらえたりする。育児協力者がいなければ、親だけで育児をするほかない。日本では父親が長時間残業等によって育児に参加しづらいことから、母親一人に育児の負担がかかってしまうことが多い。

　また、少子化も育児環境を厳しくしている。生まれてくる子どもの人数が少なくなることは、すなわち子どもを育てる親の減少を意味する。子どもの多かった時代は近所に子どもや育児中の親がいたが、少子化に伴い、近所から小さい子どももその親も減少している。

　「公園デビュー」という言葉がある。子どもを連れて近所の公園に行く母親が、公園で遊んでいるお母さんや子どもたちの仲間に入れてもらう大変さを表したものであるが、もし近所に子どもが多くいて、地域の人間関係が密であれば、最初から育児中の母親同士は顔見知りであり、緊張しながら子どもを連れて公園にデビューする必要はないはずである。公園デビューは、育児の孤立を象徴しているように思える。

　こうしたことから、保育サービスの充実が必要であると考えられる。

2　都市部の待機児童問題

　子どもを親の代わりに同居する祖父母がみてくれるような場合を除き、夫婦がともにフルタイムで働く家庭や一人親がフルタイムで働く家庭においては、保育所に子どもを預けることは、育児と仕事を両立するためには欠かせない。幼稚園では昼過ぎまでしか預かってもらえず、午前中のみ働くような一部の非正規の仕事としか両立ができない。総じて定員に余裕のある幼稚園から認定こども園への移行が進めば状況の改善につながることが期待されたが、保育が必要な子どものための保育時間を確保するなど、従来の幼稚園と保育所の機能を

第3章 保育サービスの充実

図表3-3　全国待機児童マップ（都道府県別）
(2016（平成28）年4月1日現在)

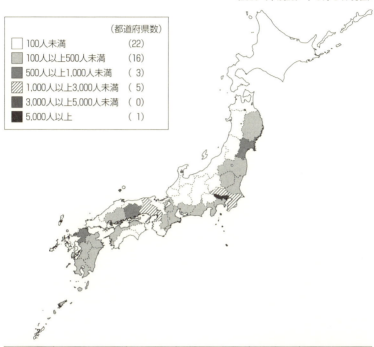

	（都道府県数）
100人未満	(22)
100人以上500人未満	(16)
500人以上1,000人未満	(3)
1,000人以上3,000人未満	(5)
3,000人以上5,000人未満	(0)
5,000人以上	(1)

都道府県	待機児童数(人)	都道府県	待機児童数(人)	都道府県	待機児童数(人)
北海道	94	石川県	0	岡山県	875
青森県	0	福井県	0	広島県	161
岩手県	194	山梨県	0	山口県	65
宮城県	638	長野県	0	徳島県	60
秋田県	33	岐阜県	23	香川県	324
山形県	0	静岡県	449	愛媛県	110
福島県	462	愛知県	202	高知県	42
茨城県	382	三重県	101	福岡県	948
栃木県	155	滋賀県	339	佐賀県	18
群馬県	5	京都府	64	長崎県	70
埼玉県	1,026	大阪府	1,434	熊本県	233
千葉県	1,460	兵庫県	1,050	大分県	370
東京都	8,466	奈良県	260	宮崎県	64
神奈川県	497	和歌山県	10	鹿児島県	295
新潟県	0	鳥取県	0	沖縄県	2,536
富山県	0	島根県	38	計	23,553

注：各道府県には政令指定都市・中核市を含む。

兼ね備える幼保連携型こども園と幼稚園型認定こども園は、残念ながら、あまり増加していない。厚生労働省が2016年9月2日に発表した「待機児童解消加速化プラン」集計結果によれば、2016（平成28）年4月1日の保育の受け入れ枠は、幼保連携型と幼稚園型認定こども園をあわせて29万9,970人にとどまり、主力となっているのは、やはり認可保育所（保育所型認定こども園の保育所部分を含む。）の224万8,716人である。このため、本章においても、保育サービスを担う主体としては、保育所を中心に論じていくこととする。

本来なら保育所に入所できる子どもが、定員に空きがないために定員が空くのを待っている状態である「待機児童」については、その解消のために保育所の定員を増加させる対策が累次講じられてきた。しかし、依然として都市部を中心として待機児童の問題は深刻である。

厚生労働省が2016年9月2日に公表した「保育所等関連状況とりまとめ」（以下、厚生労働省（2016a）と呼ぶ。）によれば、2016（平成28）年4月1日時点の待機児童数は2万3,553人であり、前年比386人の増加であった。保育所等の定員は前年比10万3,000人増加しており、待機児童対策は講じられているものの、依然として待機児童問題は解消していない。

厚生労働省（2016a）では都道府県別の待機児童数もまとめている。その状況は、図表3-3のとおりである。

図表3-3に示されているように、2016（平成28）年4月1日時点において全国で最も待機児童数が多いのは東京都の8,466人である。次に待機児童数が多いのは沖縄県の2,536人であるが、三番目に多いのは千葉県の1,460人、四番目に多いのは大阪府の1,434人であり、やはり都市部で待機児童が多いことが分かる。

注目すべきなのは、待機児童のいない県も複数あることである。たとえば前章で取り上げた福井県は共働き比率が高いにも関わらず、待機児童数は0人である。

さらに、厚生労働省（2016a）は市区町村別の待機児童数も公表しているが、以下の表のとおり、市区町村でみると、待機児童がいるのは全国で386市区町村であり、全市区町村の22.2％にすぎない[2]。

このように、実は全市区町村の約8割では待機児童はいないのである。もち

ろん待機児童は重要な課題であるが、待機児童は主に都市部の課題であることに留意しなければならない。厚生労働省（2016a）によれば、首都圏（埼玉・千葉・東京・神奈川）と近畿圏（京都・大阪・兵庫）の7都府県とその他の指定都市・中核市の

図表3-4　待機児童のいる市区町村数

待機児童数	市区町村
100人以上	65
50人以上100人未満	51
1人以上50人未満	270
計	386

出所：厚生労働省（2016a）表4より筆者作成。

待機児童数を合計すると1万7,501人であり、全待機児童の74.3%を占めている。

　待機児童数の多い自治体では保育所の拡充に取り組んでいる。しかし、保育所の新設のためには用地を確保するが必要であるのに加え、周辺住民の同意を得ることもハードルとなる。都市部の住宅地では、非常に残念なことに子どもたちの声を騒音であるとして、閑静な住宅地の環境が損なわれるという理由で保育所の建設に反対する住民もいて、同意を得ることは容易ではないのが実情である。

　さらに、保育所を新設できたら、次は保育士を確保する必要があるが、全国的に保育士は不足しており、保育士の確保は容易ではない。このように、待機児童の深刻な都市部において保育所を大幅に拡充することは困難であると考えられる。

　このため、都市部における待機児童対策としては、土の園庭も備えた大規模の保育所、いわばフルスペックの保育所の整備ではなく、家庭的保育事業や小規模保育事業などの地域型保育事業の推進が中心になると考えられる。しかし、園庭のない保育施設が増えると近くの公園に子どもが過密状態で遊ぶことになる問題も指摘され始めている。

3　人口減少地域では保育サービスの存続が課題

　都市部では待機児童の問題が深刻であるが、人口減少地域では子どもの減少によって保育所の定員には余裕がある。最近は待機児童に関する報道が多く見られ、全国どこでも保育所が必要な子どもが多くいるような錯覚をしそうになるが、上述したように、実は全市町村の約8割では待機児童はいない。

図表3－5　市区町村別保育所等利用児童数の増減

(平成28年度―平成27年度)

	都道府県	定員数が増加した市区町村での累計		定員数が減少した市区町村での累計		定員数に変動がない市区町村数	計		政令指定都市中核市		定員数の増加数	定員数の減少数	計
		人	市区町村数	人	市区町村数	市区町村数	人	市区町村数			人	人	人
1	北海道	2,231	28	▲289	10	138	1,942	176	48	札幌市	1,345	0	1,345
2	青森県	556	13	▲309	10	16	247	39	49	仙台市	3,012	0	3,012
3	岩手県	618	11	▲74	6	15	544	32	50	さいたま市	1,828	0	1,828
4	宮城県	1,441	16	▲93	2	16	1,348	34	51	千葉市	671	0	671
5	秋田県	460	9	▲78	3	12	382	24	52	横浜市	2,786	0	2,786
6	山形県	1,414	15	▲120	3	17	1,294	35	53	川崎市	1,870	0	1,870
7	福島県	1,409	15	▲264	5	37	1,145	57	54	相模原市	1,056	0	1,056
8	茨城県	1,565	21	▲83	6	17	1,482	44	55	新潟市	678	0	678
9	栃木県	1,776	16	▲60	2	6	1,716	24	56	静岡市	512	0	512
10	群馬県	1,178	16	0	0	17	1,178	33	57	浜松市	1,245	0	1,245
11	埼玉県	4,448	37	▲77	5	18	4,371	60	58	名古屋市	1,915	0	1,915
12	千葉県	4,026	27	▲287	3	19	3,739	49	59	京都市	922	0	922
13	東京都	15,664	47	0	0	14	15,664	61	60	大阪市	7,193	0	7,193
14	神奈川県	2,705	19	0	0	10	2,705	29	61	堺市	448	0	448
15	新潟県	2,030	16	▲414	6	7	1,616	29	62	神戸市	868	0	868
16	富山県	219	3	▲262	4	7	▲43	14	63	岡山市	192	0	192
17	石川県	488	9	▲56	1	8	432	18	64	広島市	702	0	702
18	福井県	395	4	▲93	4	9	302	17	65	北九州市	371	0	371
19	山梨県	877	14	▲55	2	11	822	27	66	福岡市	1,582	0	1,582
20	長野県	421	10	▲295	6	60	126	76	67	熊本市	1,555	0	1,555
21	岐阜県	324	10	▲770	11	20	▲446	41		政令指定都市計	30,751	0	30,751
22	静岡県	1,285	17	▲16	2	14	1,269	33	68	旭川市	369	0	369
23	愛知県	1,806	30	▲6	1	19	1,800	50	69	函館市	0	▲69	▲69
24	三重県	425	9	▲250	5	15	175	29	70	青森市	230	0	230
25	滋賀県	794	12	▲79	3	3	715	18	71	盛岡市	233	0	233
26	京都府	410	8	▲125	2	15	285	25	72	秋田市	445	0	445
27	大阪府	1,774	18	▲467	7	12	1,307	37	73	郡山市	297	0	297
28	兵庫県	1,806	21	▲174	6	10	1,632	37	74	いわき市	1	0	1
29	奈良県	520	10	▲133	2	26	387	38	75	宇都宮市	306	0	306
30	和歌山県	388	6	▲103	3	20	285	29	76	前橋市	315	0	315
31	鳥取県	199	3	▲73	4	12	126	19	77	高崎市	250	0	250
32	島根県	815	8	▲58	3	8	757	19	78	川越市	348	0	348
33	岡山県	336	7	▲221	3	15	115	25	79	越谷市	311	0	311
34	広島県	879	7	▲196	7	6	683	20	80	船橋市	1,548	0	1,548

第3章　保育サービスの充実

35	山口県	568	10	▲33	1	535	7
36	徳島県	670	4	▲130	3	540	17
37	香川県	662	11	▲20	1	642	4
38	愛媛県	349	8	▲301	3	48	8
39	高知県	229	6	▲94	5	135	22
40	福岡県	1,866	32	▲130	3	1,736	22
41	佐賀県	387	6	▲161	4	226	10
42	長崎県	521	10	▲138	4	383	5
43	熊本県	1,182	20	▲238	10	944	14
44	大分県	445	7	▲135	6	310	4
45	宮崎県	199	9	▲923	6	▲724	10
46	鹿児島県	704	18	▲85	6	619	18
47	沖縄県	3,633	22	▲10	1	3,623	17
	都道府県計	67,097	675	▲7,978	192	59,119	807

注1：都道府県の数値には政令指定都市・中核市は含まず。
注2：市区町村の総数は1,741（平成28年4月1日現在）

81	柏市	485	0	485
82	八王子市	275	0	275
83	横須賀市	169	0	169
84	富山市	383	0	383
85	金沢市	245	0	245
86	長野市	168	0	168
87	岐阜市	138	0	138
88	豊橋市	50	0	50
89	豊田市	408	0	408
90	岡崎市	100	0	100
91	大津市	382	0	382
92	高槻市	190	0	190
93	東大阪市	418	0	418
94	豊中市	369	0	369
95	枚方市	254	0	254
96	姫路市	157	0	157
97	西宮市	115	0	115
98	尼崎市	424	0	424
99	奈良市	68	0	68
100	和歌山市	78	0	78
101	倉敷市	91	0	91
102	呉市	151	0	151
103	福山市	168	0	168
104	下関市	116	0	116
105	高松市	35	0	35
106	松山市	340	0	340
107	高知市	361	0	361
108	久留米市	252	0	252
109	長崎市	314	0	314
110	佐世保市	24	0	24
111	大分市	305	0	305
112	宮崎市	117	0	117
113	鹿児島市	553	0	553
114	那覇市	661	0	661
	中核市計	13,017	▲69	12,948
	合計	110,865	▲8,047	102,818

注：定員＝保育所、幼保連携型認定こども園、幼稚園型認定こども園、地方裁量型認定こども園、小規模保育事業、家庭的保育事業、事業所内保育事業、居宅訪問型保育事業の定員

さらに、保育所等を利用する子どもの数が減少している自治体も少なくない。

　厚生労働省（2016a）によれば、市区町村別保育所等利用児童数の増減の状況は、図表3-5のとおりである。

　図表3-5に示されているように、保育所等利用児童数は全体としては増加しているが、2015（平成27）年度に比べて2016（平成28）年度の保育所等利用児童数が減少した自治体は全国で626あり、これらの自治体で保育所等を利用した子どもの数は1万6,581人減少している。

　待機児童がいないことは一見良いことのように思える。しかし、子どもの減少が続けば保育所の運営は赤字が続くことになり、保育所の存続が難しくなる。

　このため、人口減少地域では待機児童は問題になっていないが、保育所の閉所が問題となっている。

　フルタイムで親が働いている間に子どものケアをするという保育所が担ってきた機能が地域から失われてしまえば、その地域では、育児と仕事の両立が難しくなる。すると、保育所のある他の地域に引っ越す家庭が出てきて、さらに子どもの人数が減ってしまうことが懸念される。このため、子どもの人数が減少しても、地域に保育サービスを残すことが課題として浮上する。

1) エイジレスに統合されたケアによって保育サービスを残す

　子どもが減少すれば保育所では定員割れが続く。保育所の収入は子どもの人数に応じた国や自治体からの支出であるため、大幅な定員割れが続けば、保育所の赤字は深刻となる。このため、人口減少地域では保育所が閉所に追い込まれていることが懸念される。保育所の存続が難しい地域では、どのようにして保育サービスを残せば良いのだろうか。

　地域に保育サービスを残す対策として、高齢者のケアと保育サービスを統合することが考えられる。人口の減少が続くと最後には高齢者の人口も少なくなるが、現状では、子どもの人数は少ないがケアの必要な高齢者は一定数いる地域が多いと考えられる。

　高齢者のデイサービスと保育サービスは、まず、根拠となる法律が介護保険

法と子ども・子育て支援法であり、異なっている。対象者ごとに縦割りで発達してきた日本の社会保障では、高齢者の福祉の基本法は老人福祉法であり、子どもの福祉の基本法は児童福祉法であるなど、対象者ごとに法体系も異なり、対象者が異なればケアも別のものとして捉えられてきた。しかし、自力で生活を営むことが困難な者を対象として通所型のケアを行うという意味では、高齢者のデイサービスも保育サービスも同様であると見ることもできる。

保育所を利用する子どもの人数は減少しているが、デイサービスを必要とする高齢者は一定数いる地域において、デイサービスを行う施設において保育も併せて行うことにすれば、保育所が単独では存続できなくても、保育サービス自体は継続することが期待できる。利用する子どもの人数が少なくても、スタッフについては保育士の確保は必要であるが、調理施設を含めた建物を保育所単独で維持するのではなく、デイサービスと共有すれば維持しやすくなる。また、従来は保育所を経営する法人とデイサービスを経営する法人が異なることも多かったが、一つの法人が経営すれば、保育部門が一時的に赤字であっても、高齢者ケアの部門が黒字であれば、保育部門を維持することは比較的容易になると期待される。

このように、世代を越え、縦割りを越えてケアを行うことにより、子どもの人口が減った地域においても保育の機能を残すことが期待できる。こうしたケアを本書ではエイジレスに統合されたケアと呼ぶこととする。

エイジレスに統合されたケアのメリットは、地域に保育機能を残すことだけではない。今日の日本社会では近所づきあいが薄れ、世代間交流が乏しくなっているが、高齢者と子どもが一緒に過ごすことによって、世代間交流が進むことも期待できる。高齢者は子どもが身近にいることで張り合いが生じ、子どもには高齢者の経験知が引き継がれる。デイケアに通う高齢者の中から、社会人時代の経験を活かして子どもの学習支援をしてくれる人を見出すことも期待できる。高齢者と子どものケアを統合しても大丈夫なのか不安になる人もいるかもしれないが、対象者ごとに縦割りの制度体系になったのは戦後のことである。もともと、地域や家庭の中で高齢者と子どもは一緒に過ごしてきた。縦割りを廃して、かつての状態に戻ると考えれば、不安は和らぐのではないだろうか。

高齢者のケアと保育を統合すれば、費用負担についても一緒にしていこうという議論がしやすくなる。応能負担の考え方に基づき、所得に応じて保育料が上がる仕組みは、育児と両立しながら努力して働いて収入が上がると負担が増えるために母親の働くインセンティブを阻害することが懸念される。かつては特別養護老人ホームなどの高齢福祉サービスも応能負担であった。しかし、主として低所得者が利用するサービスから、国民の誰もが利用するサービスに普遍化したことから介護保険が導入され、応益負担の仕組みとなった。保育についても、現在では、子どもを持つ家庭の多くが利用する普遍的な行政サービスであると考えられる。保育の費用負担が、救貧的な色彩の濃い応能負担のままとなっていることは、現状にあわないのではないかと考えられる。保育料については無料化も検討されており、育児支援を推進するというメッセージを発するという意味では無料化は魅力的であるが、一方、子ども手当てがばら撒きであるという批判を受けて撤回されたことを思い出せば、無料化への批判が生じることも懸念される。医療や介護と同様に応益負担にして、最大負担割合を3割にすれば、世代間の不公平感が緩和されることも期待でき、また、10割近い負担をしている相対的に高収入の世帯にとっては3割負担になるだけでも十分に負担が軽減される。現在の応能負担のもとで負担が大幅に軽減される低収入の世帯については引き続き配慮をする必要があると考えられるが、すべての世帯を無料化することに比べれば必要な財源は少なくて済み、ばら撒きの批判も受けにくいのではないだろうか。

① 富山型デイサービス

　高齢者のデイサービスにおいて子どものケアを行うことは、既に各地で実践が始まっている。その先駆けとして知られているのが「富山型デイサービス」である。

　富山県庁によれば[3]、富山型デイサービスは、年齢や障害の有無にかかわらず、誰もが一緒に身近な地域でデイサービスを受けられる場所であり、1993（平成5）年7月に、惣万佳代子さん、西村和美さんら3人の看護師が県内初の民間デイサービス事業所「このゆびとーまれ」を創業したことにより誕生した。富山型デイサービスは、最初から高齢者に限らず、支援が必要な方を誰で

も受け入れるという考え方でスタートしたため、縦割りの制度に合致せず、開設当時は公的な制度を利用しない「自主事業」として始まっている。利用料金は食事代別で1日2,500円、半日（4時間以内）1,500円に設定されたが、当初は利用者も少なく赤字であった。その後、利用者が増えるにつれて民間デイサービスを支持する声が県に届くようになり、1997（平成9）年度には「民間デイサービス育成事業」が創設され、高齢者の利用が一日当たり5人以上の事業所に年間180万円が交付されることになり、翌年度からは対象に障害者も加えられ、縦割りにとらわれない柔軟な補助制度となった。

　富山型デイサービスは誰も排除しないというソーシャルインクルージョンの理念に基づいた実践と位置付けることができ、その意味では、藤本健太郎（2014）において提唱した社会的孤立を防ぐために誰もが利用できるユニバーサルケアの考え方に近い。理想的なケアの形としては、富山型デイサービスのように高齢者とこどもに限らず、障害者も含めて誰もが利用できるケアが望ましいと思われる。ただし、本書がテーマとしている人口減少対策という観点からは、高齢者も子どもも利用できるエイジレスという点が重要である。

　富山型デイサービスは、その後全国各地に広まりつつある。[4]

② 厚生労働省における縦割り脱却の動き

　厚生労働省においても、従来の対象者の種別ごとの縦割りの制度から脱却しようという動きがみられる。

　2015（平成27）年9月17日に「新たな福祉サービス等のあり方検討プロジェクトチーム」がとりまとめた「誰もが支え合う地域の構築に向けた福祉サービスの実現――新たな時代に対応した福祉の提供ビジョン」（以下、厚生労働省（2015）と呼ぶ。）においては、これまでの日本の福祉サービスは高齢者、児童、障害者など対象ごとに充実発展してきたが、核家族化、ひとり親世帯の増加、地域のつながりの希薄化等により、家族内又は地域の支援力が低下している状況があり、様々な分野の課題が絡み合って複雑化したり、世帯単位で複数分野の課題を抱えるといった状況がみられることを挙げ、これまでのように分野ごとに相談・支援を提供しても、必ずしも十分な相談・支援が実現できるとは限らない状況が生じてきていると分析している。

そして、厚生労働省（2015）では、地域の実情に見合った総合的なサービス提供体制の確立を打ち出し、高齢者介護、障害者福祉、子育て支援、生活困窮者の支援を別々に提供する方法のほかに、複数分野の支援を総合的に提供する方法を検討することとしている。
　このように、高齢者と児童という縦割りを越えてケアを統合する動きは、地方で実践が始まり、国においても政策の舵が大きく切られようとしている。
　したがって、子どもが減少した地域において、保育の機能を残すために高齢者ケアとの統合を図り、エイジレスケアを展開することは十分実現可能なアイデアであると思われる。いったん完全に保育などの育児支援機能が失われると、その地域では育児が難しくなり、一層子どもの数も減少してしまい、育児支援機能を回復することは容易ではないと考えられる。子どもの減少によって保育所等の存続が厳しくなっている地域では、高齢者ケアとの統合は重要な選択肢となるだろう。

2）　育児家庭の地方への移住促進
　これまで述べてきたように、都市部では依然として待機児童の問題が深刻である一方、人口減少地域では子どもの減少に伴い、定員割れの保育所の閉所による保育機能の喪失が懸念される。このため、人口減少地域においては、多くの地域においてなおニーズが高いと思われる高齢者のケアと統合することにより、地域に保育機能を残すことを論じた。いずれにしても、望まれるのは人口減少地域における子どもの減少を緩和することである。
　一方、都市部における待機児童の問題は、保育所の新設に反対する住民の存在、土地や保育士の不足等により、解決は容易ではない。総じて合計特殊出生率の低い都市部において出生動向を回復させようとするならば、保育の不足はより深刻になるおそれもある。
　この二つの課題を根本的に解決するためには、育児家庭の都市部から人口減少地域への移住を促進することが望ましいのではないだろうか。人口減少地域には既に定員の空きのある保育所があり、都市部の待機児童の受け皿となりえる。育児家庭の地方移住は、人口減少地域の保育機能喪失を防ぎ、人口の社会増をもたらし、さらに生産年齢人口の減少を緩和する。

日本創生会議は、2015年6月に「東京圏高齢化危機回避戦略」を発表し、ケアの必要な高齢者の東京圏から地方への移住を提言している。この提言については、首都圏の医療介護サービスの不足という問題意識は理解できるものの、既に高齢化の進行した地方にさらに都市部から高齢者の移住を促進することが果たして本当に地方の振興につながるのか、疑問を禁じ得ない。日本創生会議の提言では、高齢者を地方に移住させることで地方に介護の求人を増やすことができるとしているが、逆に労働力人口の不足による人手不足の問題が既に全国で顕在化しつつある。

　人口減少地域では労働力人口の不足がさらに深刻化することが懸念されることから、移住を促進すべきなのは高齢者ではなく、現役世代であると考える。

　また、待機児童の問題にとどまらず、長い通勤時間、高額な住宅価格などの課題があり、都市部では育児と仕事の両立は容易ではないが、地方では比較的両立は容易であると思われる。

　このため、本書では、育児家庭の地方への移住を促進することを提言したい。なお、地方への移住を促進すべきなのは育児をしながら働く者だけではなく、家族の介護や看護のために仕事に制約のある制約社員全体であると筆者は考えている。この点については第6章において述べることとしたい。

　育児世代の地方移住には様々な課題があるが、本章では、保育サービスに着目して、育児世代の地方移住促進策について、論じることとしたい。

4　重い保育料の利用者負担

　保育所の運営費は税金でまかなわれていると思われがちだが、実際には収入の多い世帯では10割負担とされてきた。他の社会保障分野についてみると、本人負担の最高比率は医療保険でも介護保険でも3割である。保育料の自己負担額は、負担能力に応じて決まる応能負担であるのに対し、医療保険も介護保険も利用したサービスの量に応じて自己負担額が決まる応益負担であることから、単純に比較することはできない。しかし、そうはいっても最大で10割負担という保育料の負担の重さは際立って高く、子どもに冷たい日本の社会保障の一つの象徴であると言える。

図表3-6　現行の保育所の利用者負担

○　各市町村において、国の基準を参考に、所得に応じた利用者負担額を設定。

※市町村ごとの判断で、所得区分を20区分以上に細分化している例や、3歳未満児の上限を6～7万円程度、3歳以上児の上限を3万円程度に引き下げている例などがある。

○　なお、国の基準では、第2子は半額、第3子以降は無料としている。（同時に通園している場合）

保育サービスに係る年齢別保育単価と平成23年度費用徴収基準額（案）

			推定平均年収	0歳	1歳	2歳	3歳	4歳～6歳	
				14.9万円	8.8万円	4.2万円	3.6万円		）保育単価（月額）
第1階層	生活保護法による非保護世帯（単給世帯を含む）及び、中国残留邦人等の円滑な帰国の促進及び永住帰国後の自立の支援に関する法律による支援給付受給世帯		-	0円					
第2階層	第1階層及び第4～第8階層を除き、前年度分の市町村民税の区分が次の区分に該当する世帯	市町村民税非課税世帯	255万円未満	9,000円			6,000円		
第3階層		市町村民税課税世帯	255万円以上334万円未満	19,500円			16,500円		
第4階層	第1階層を除き、前年分の所得税課税世帯であって、その所得税の区分が次の区分に該当する世帯	40,000円未満	334万円以上467万円未満	30,000円			27,000円（保育単価限度）		
第5階層		40,000円以上103,000円未満	467万円以上640万円未満	44,500円			41,500円（保育単価限度）		
第6階層		103,000円以上413,000円未満	640万円以上932万円未満	61,000円			58,000円（保育単価限度）		
第7階層		413,000円以上734,000円未満	932万円以上1,132万円未満	80,000円（保育単価限度）			77,000円（保育単価限度）		
第8階層		734,000円以上	1,132万円以上	104,000円（保育単価限度）			101,000円（保育単価限度）		

注：※　平成23年度に予算案における費用徴収基準額表。
　　※　保育単価は平成23年度の定員90人、その他地域区分。
　　※　上記の費用徴収基準額より、各地域区分ごとの保育単価が下回る場合は、その保育単価を限度とする。
　　※　推定年収は、夫婦及び子ども2人世帯、妻は所得税非課税の場合。
出所：子ども・子育て新システム検討会議作業グループ　基本制度ワーキングチーム（第16回）資料5　p. 15
2011（平成23）年11月24日

　保育料の運営費と親の負担はどのようになっていたか、2015（平成27）年に子ども・子育て新制度が導入される以前の状況について示したものが、以下の図である。

　図表3-6に示されているとおり、保育にかかる標準的なランニングコストである保育単価（月額）は、0歳児においては月14万円であるが、年齢が上になるにつれて下がり、4～6歳では3.6万円となっている。

子どもの年齢によって保育単価が大きく異なるのは、人員配置基準が大きく異なるからである。児童福祉法第45条において、都道府県は児童福祉施設の設備及び運営について、条例で最低基準を定めなければならず、条例を定めるにあたっては、厚生労働省令で定める基準に従い定めることとされている。これを受けて、厚生省令「児童福祉施設の設備及び運営に関する基準」（以下、「児童福祉施設設備運営基準」と呼ぶ。）第33条第2項において、人員配置基準が定められている。具体的には、0歳児である乳児についてはおおむね3人につき1人以上の保育士、1～2歳児についてはおおむね6人につき1人以上の保育士、3～4歳児についてはおおむね20人つき1人以上の保育士、4歳以上児についてはおおむね30人につき1人以上の保育士を配置する必要があるとされている。

　このように、4歳以上児になれば、おおむね30人につき1人以上保育士を配置すればよく、0歳児に比べると子ども一人当たりに必要な保育士は10分の1と大きく減少する。このことが0歳児の保育単価を高くしており、4歳以上児の保育単価は低くてすむことにつながっている。乳児について、おおむね3人に1人ずつ保育士を配置しなければならないのは厳しい基準だという印象もあるかもしれないが、1歳未満の乳児はすぐに口に物を入れてしまうなど、目を離すことができない。突然死の危険も高く、手厚くスタッフを配置する必要があると考えられる。

　一方、親による保育サービスの自己負担である保育料は、応能負担の考え方により、所得に応じて高くなる。その結果、**図表3-6**に示されているように、1～2歳児については所得階層が第7階層から保育単価を越える可能性があり、3歳以上児については、所得階層が第4階層から保育単価を越える可能性がある。子どもが受けるサービスのコスト以上に親に負担を求めることはできないため、**図表3-6**において「保育単価限度」と付記され、保育単価を保育料の上限とすることが注記されている。

　保育料が保育単価限度になるということは、保育に必要なランニングコストをすべて親が負担するということである。保育所は税金で運営されているという印象が強いが、実際には、0歳児の場合を除き、一定以上の収入がある場合、親が全額負担するケースが少なくなかったのである。特に3歳以上児につ

いては、第4階層以上で保育単価限度を負担するケースがあったが、第4階層の推定平均年収は334万円以上467万円未満であり、社会通念上の高額所得者とはいえないのではないかと思われる。

　なお、ここまで述べたのは標準的なコストであり、一部の自治体では、手厚く人員を配置するなど、多くのコストをかけている場合がある。たとえば板橋区は、平成26年度決算に基づく保育園の園児一人にかかる費用として、0歳児は月額41万1,324円、1歳児は月額20万7,158円と、国の保育単価を大幅に上回る費用をかけていることを明らかにしている。[5)]この点については、「板橋区では国の定めた保育費用に大幅に上乗せして園児の安全を確保し、よりよい保育を行っている」と説明されている。このように、上述した国の定める保育士の配置基準は「従うべき基準」であることから、より手厚い保育を実施しようとする自治体では、国の基準を上回る保育士を配置する場合もある。

　ところが、一部の自治体において多くの保育費用をかけていることを取り上げ、なかでも特別に費用の高い0歳児のコストがあたかも一般的な保育費用であるかのように誤解して、すべての保育園児に月額50万円くらい税金が投入されているらしいという誤った情報がインターネット上で散見されるのは、非常に残念なことである。

　実際には、全国における保育サービスの標準的なコストである保育単価は図表3-6に示されているとおりであり、3歳児以降は月額5万円を下回っていた。

　上述したとおり、特に3歳児以降については親が保育サービスにかかる費用を全額負担するケースも多かったと考えられる。応能負担といっても、親がすべてを負担する仕組みは望ましいのだろうか。この問題意識は、図表3-7のとおり、子ども・子育て支援新制度の内容を検討した審議会資料においても示されている。

　図表3-7に示されているように、旧制度においても、自治体独自の取組みとして、保育料の引き下げを行っている事例もみられた。

　2015（平成27）年4月に導入された子ども・子育て支援新制度においては、国は保育料の上限を定め、実際の保育料は自治体が定めることとされている。国が定める保育料の上限は、図表3-8に示されているとおり、従来の費用徴収

第3章　保育サービスの充実

図表3-7　改正前の保育制度における利用者の自己負担

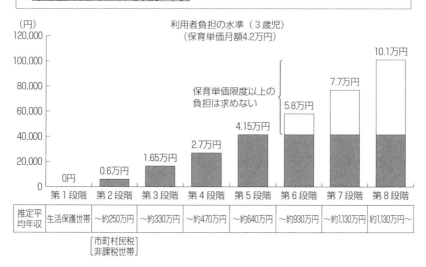

出所：子ども・子育て新システム検討会議作業グループ　基本制度ワーキングチーム（第16回）資料5　p.17
2011（平成23）年11月24日）

基準と同じ額とされている。なお、図表3-8に表記されている保育短時間とは、従来の幼稚園に相当する保育サービスである。また、図表3-8の注には「給付単価を限度とする」と記されており、子ども・子育て支援新制度においても、保育のランニングコストである給付単価を保護者が10割負担するケースがあることが分かる[6]。

ただし、子ども・子育て支援新制度においては、保育料は自治体が決めることとされており、自治体の判断によって親の保育料負担を軽減することができる。

このため、多くの自治体において財政は厳しい状況にあるが、どうにか財源

73

図表 3-8 子ども・子育て支援新制度の導入による利用者負担の変化

保育認定を受けた子ども(満3歳以上)の利用者負担のイメージ(月額)

※ここでお示ししている利用者負担のイメージは、国庫負担金(都道府県負担金)の精算基準としての位置付け(最終的な利用者負担はこの基準を上限として市町村が設定)

・保育標準時間認定を受けた子どもは現行の利用者負担の水準を基本、保育短時間認定を受けた子どもは、「0.7兆円の範囲で実施する事項」の整理に従い、保育標準時間認定を受けた子どもの▲1.7%を基本に設定

階層区分	推定年収	現行の費用徴収基準
①生活保護世帯	ー	1円
②市町村民税非課税世帯	~260万円	6,000円
③市町村民税課税世帯	~330万円	16,500円
④所得税額40,000円未満	~470万円	27,000円
⑤所得税額103,000円未満	~640万円	41,500円
⑥所得税額413,000円未満	~930万円	58,000円
⑦所得税額734,000円未満	~1130万円	77,000円
⑧所得税額734,000円以上	1130万円~	101,000円

階層区分	利用者負担	
	保育標準時間	保育短時間
①生活保護世帯	0円	0円
②市町村民税非課税世帯	6,000円	6,000円
③市町村民税課税世帯(所得税非課税世帯)	16,500円	16,300円
④所得割課税額97,000円未満	27,000円	26,600円
⑤所得割課税額169,000円未満	41,500円	40,900円
⑥所得割課税額301,000円未満	58,000円	57,100円
⑦所得割課税額397,000円未満	77,000円	75,800円
⑧所得割課税額397,000円以上	101,000円	99,400円

②~③:前年度分の市町村民税が各区分に該当する世帯
④~⑧:前年分の所得税課税世帯であって、その所得税額が各区分に該当する世帯
※ 小学校就学前(0~5歳)の範囲において、最年長の子どもから順に2人目は上記の半額、3人目以降については0円とする。
※ 「推定年収」は夫婦(妻はパートタイム労働程度を想定(所得税が非課税となる程度の収入))と子供2人世帯の場合のおおまかな目安(廃止前の年少扶養控除を反映した額)
※ ただし、保育単価を限度とする。

※ ①~⑧:現行の階層区分を基本として市町村民税額を基に階層区分を設定。
※ 小学校就学前(0~5歳)の範囲において、最年長の子どもから順に2人目は上記の半額、3人目以降については0円とする。
※ ただし、給付単価を限度とする。

出所:子ども・子育て支援新制度の解説②利用者負担 文部科学省、2018(平成26)年7月、p.3

を捻出し、人口減少対策として保育料はできるだけ低く設定すべきであると考える。2017年の総選挙において自民党は3歳以上の保育料の無償化を公約に掲げたが、この公約が実現したとしても、3歳以上に比べると保育料が高い1、2歳の問題は残る。なお、0歳児については、保育士の不足が問題である中で、上述のとおり多数の保育士が必要とされ、また保育料に多額の公費が投入されているという誤解の原因にもなることから、働き方改革を進めて、原則として親が保育することが望ましいのではないかと考えられる。

第2章でその取り組みを引用した長野県下條村では、手厚い育児支援策の一環として、早くから保育料の引き下げに取り組んでいる。2014年11月の「新たな少子化対策大綱策定のための検討会（第2回）」に伊藤喜平村長が提出した資料[7]によれば、保育料は平成19年度から4年間で約40％減額し、さらに平成24年度に10％減し、合計で約50％減額されている。

若年人口が都市部に流入する要因の一つとして地方との賃金格差が挙げられることからも、育児家庭の地方居住を推進するには、育児にかかるコストを下げる対策を講じるべきである。待機児童がいないことに加え、保育料も安いということになれば、育児家庭に対するアピールポイントになることが期待される。

5 「小一の壁」の防止——学童保育（放課後児童健全育成事業）の充実

待機児童は保育所だけの問題ではない。放課後に小学生を預けるいわゆる学童保育（放課後児童健全育成事業）についても、定員に空きがないために利用できない児童が増えており、新たな待機児童となっている。

厚生労働省が2015年12月18日に公表した「平成27年　放課後児童健全育成事業（放課後児童クラブ）の実施状況（5月1日現在）」によれば、登録児童数は前年比8万8,183人増えて1,02万4,635人であり、放課後児童クラブ数も前年比524か所増えて2万2,608か所となっている。しかし、利用できなかった児童数（待機児童数）は前年比6,996人増えて1万6,941か所となっており、登録児童数が大幅に増えているにも関わらず、待機児童数は増加している。

小学校に入ると、特に低年次のうちは学校が早く終わり、親が仕事を終える

までの長い放課後の時間が問題となる。あるいは小学生なら留守番できると思われるかもしれないが、子どもが何歳から一人で留守番できるかという問題については、藤本健太郎（2016）においても指摘したように、育児環境の変化に留意すべきである。長期にわたる少子化に伴い、一人っ子が増加して、年長の兄弟が面倒をみることができる家庭は減少している。少子化によって親の兄弟も減少しており、叔父や叔母などの手を借りることも難しくなっている。さらに、少子化の影響は地域にも及び、近所に住む年長の子どもの数も減少することから、子どもと一緒に遊んでくれる年長の友人を見つけることも困難になっていると考えられる。

また、地域の人間関係が希薄化したことに伴い、近所に親と親しい知人も減少しており、親のほかに子どもの面倒をみてくれる大人を見出しにくい。

このように、小学校の低年次の子どもが一人で留守番をすることは、従来以上に難しくなっていることに留意する必要がある。

ところが、小学校は保育所とは異なり、5時よりも早く終わる。特に低学年のうちは午後3時前に学校を出ることも多い。したがって、小学校から戻る子どもを自宅で迎えようとすれば、両親ともにフルタイムで働くことは難しい。このため、小学校入学に伴い、母親が育児のために仕事を辞めざるを得ないという問題が全国に広がっており、「小一の壁」と呼ばれるようになっている。

なお、小一の壁については、学童保育を利用できない待機児童の問題から派生する場合に限らず、学童保育が保育所よりも閉所時間が早い傾向にあることから、学童保育に預けることができても仕事が両立できないために仕事を辞めざるをえないケースも含めて指摘されることもある（たとえば池本（2014））。

自治体が学童保育の整備に力を入れて、待機児童がないことに加え、子どもが小学校に入学してからも切れ目のない保育サービスを提供できるようにすることは、育児と仕事を両立しやすい地域としてのアピールにつながる。

ところで、学童保育は保育所とは異なり、人員の配置基準などは厳格に規制されていない。学童保育という通称から、保育所と似ていると思われがちであるが、実態は大きく異なる。学童保育とはどのような仕組みなのか、あまり知られていないように思われることから、以下、少し詳しく述べることとした

い。

　学童保育は正式には「放課後児童健全育成事業」という名称であり、根拠は児童福祉法第6条の3第2項にある。対象となる子どもは働いているなどの理由で保護者が昼間家にいない小学生とされている。なお、対象となる子どもの年齢は、従来はおおむね10歳未満とされていたが、子ども・子育て関連3法の改正によって小学生に拡大された。

　放課後児童健全育成事業の内容については、児童福祉法第34条の8の2に定められており、市町村は設備及び運営について条例で基準を定めなければならないとされているが、同条第2項において、人員に関する基準及びその他斟酌すべき基準は厚生労働省令に委ねられている。

　人員に関する基準については、放課後児童健全育成事業の設備及び運営に関する基準第10条において、支援の単位ごとに指導員を最低2名置くことなどが定められているが、放課後児童指導員となるための条件は同条第3項の第1号から第9号のいずれかを充たせばよく、保育士、社会福祉士、学校教育法に基づく幼稚園、小学校等の教諭となる資格などに加えて、高等学校等を卒業して実務経験が2年以上あり、市町村長が適当と認めたものという選択肢も含まれており、必ずしも専門教育を受けることが条件となっていない。

　また、必要な人員配置についても、支援単位ごとに最低2名の放課後児童支援員の配置が求められているが、そのうちの1名は補助員でも良いとされているなど比較的緩い規制となっている。さらに、放課後児童支援員は長期的に安定した形態の雇用が求められることとされているが[8]、常勤であることを義務付けてまではいない。

　さらに、支援の単位はおおむね40人以下という目安が示されているにとどまる。

　このように、放課後児童クラブは学童保育と呼ばれることもあるが、保育所が児童の年齢に応じてスタッフの人数が細かく指定されており、専門の資格である保育士資格を有する職員が常勤でいることと比べると、規制は非常に緩やかである。

　国の規制が緩やかであることは、見方を変えれば、自治体が独自に取り組む余地が大きいということである。上述したように、児童福祉法において市町村

は放課後児童健全育成事業の設備及び運営について条例で基準を定めることとされており、国が定めているのは参酌基準であることから、自治体の裁量の余地は大きい。

たとえば、最低2名の配置が求められている放課後児童支援員について、より多くのスタッフを配置することにすれば、目の行き届いた手厚いケアが可能であり、さらに保護者の負担を軽減することが期待できる。

2名しか支援員が配置されていない場合、放課後児童クラブの運営について、保護者に負担をかけてしまうことがあると思われる。筆者が周囲の保護者から聞いた話でも、夏休み中にプールを利用する日には監視員として複数の保護者が張り付き、地域のイベントで模擬店を出す場合に事前準備から当日の対応まで保護者が行っている事例もあるとのことであった。放課後児童クラブに子どもを預ける家庭は共働きであることが多いが、子どもは夏休みでも会社は休みではないため、平日の昼間にプールの監視員をつとめることや、週末のイベントのために平日夜間に打ち合わせを行うことなどは、相当の負担になっていると考えられる。放課後児童クラブのスタッフを充実すれば、このような保護者の負担を軽減することが期待できる。また、そもそも多くのイベントが放課後児童クラブに必要なのかどうか見直しを行うことも必要ではないかと考えられる。

さらに、放課後児童支援員を常勤にすれば、経験の蓄積やスキルの向上を通じて、サービスの質の向上が期待できることに加えて、より優秀な人材の獲得にもつながると考えられる。他の地域との違いを打ち出すことができる。さらに、スタッフを多く確保できれば、厚生労働省においておおむね40人以下とされている支援単位あたりの人数を少なくして、きめ細かい指導をすることも可能となってくる。

また設備についても、必ずしも専用の設備が義務付けられておらず、保育所に比べれば規制は緩やかである。最近では学校の空き教室の利用が促進されているが、公民館を利用しているようなケースもある。専用の設備がないことはセキュリティ上の不安もあり、子ども用のトイレが無いなどの問題にもつながる。また、小学校と学童保育の場所が離れていれば、その間の移動を子どもだけでおこなうことへの不安もある。やはり、望ましいのは、各小学校に学童保

育の拠点が設置されていることである。

　このように、施設面についても、専用の設備を義務付けるなど国の基準よりも厳しい基準を自治体が策定することにより、安心して利用できる充実した施設を確保すれば、地域の特色とすることができる。

　さらに、正規のスタッフである指導員以外に、たとえば学習ボランティアを募って子どもの学力向上を目指すプログラムを充実すれば、育児家庭にアピールできると考えられる。次章で詳しく述べるが、育児家庭の経済格差が子どもの教育格差につながっているという指摘もなされており、学童保育において学力向上プログラムを充実することは、教育格差の縮小にも資すると期待される。その場合、教員OBや大学生など地域の市民に協力を要請することになるが、行政機関が上から目線で指示しないことが重要である。自治体と市民が力をあわせて学童保育の充実を図るには、第5章において地域包括ケアシステムの公私連携の好事例として紹介する愛知県高浜市のように、「市民の力を借りる」という意識を自治体職員が持つことが必要であるだろう。

　人口減少地域では労働力人口の減少に伴って税収も減少し、自治体の財政余力も人員も不足しがちであるが、自治体など公共機関と市民の連携が機能すれば、他の地域と比べても特色のある育児支援を行うことが可能となってくる。地方の人口減少問題が意識されるようになってから、好むと好まざるとに関わらず、各地で若い世代を取り合う構図になってしまっている。もちろん国や都道府県も人口減少対策を推進する必要があるが、地域間の競争となると、各市町村が独自性を出す必要性がある。その際、引越しを補助金で促すような消耗戦を行うことは賢明とはいえないし、人口減少地域の財政余力の乏しい市町村消耗戦に参加することも厳しいのではないだろうか。人口減少地域の市町村が活路を見出すには、公私連携は欠かせない要素であると思われる。

6　育児の孤立を防ぐ

　狭義の保育サービスには含まれないが、現代の日本における育児支援としては、育児の社会的孤立を防ぐことが重要であると考えられる。

　社会的孤立というと、まずイメージされるのは一人暮らしの高齢者であり、

子どものいる家庭の社会的孤立リスクが高いというと、意外かもしれない。しかし、藤本健太郎（2012）で論じたが、育児家庭では母親一人に育児の負担がかかることが多く、社会的に孤立するリスクも大きいと考えられる。

　育児の社会的孤立の背景としてまず挙げられるのは、育児協力者の不在である。現在では家庭規模の縮小に伴って親と同居することが少なくなっており、親が育児を手伝ってもらうことが難しくなっている。そして地域の人間関係は希薄化しており、近所の人に育児協力者になってもらうことも難しくなっている。育児において育児協力者の存在は大きい。親が体調を崩したり、急用ができたときに短時間預かってもらうことや、育児の悩みの相談にのってもらえれば、育児の不安や負担は軽減する。子育ての経験があり、人生経験も豊富な近所のおばちゃんが育児協力者であれば非常に心強いが、近所づきあいが薄れた現在においては、育児協力者をみつけることは難しくなっていると考えられる。

　このように、祖父母の育児の援助が得づらく、近所に育児協力者を見つけることが難しい状況のもとでは、両親が助け合って育児をするしかないように思える。しかし、日本の父親はあまり育児を分担していない。内閣府（2009b）によれば、夫婦の家事・育児の分担割合は妻8割、夫2割という分担割合が31.6％と最も多く、次いで多い妻7割、夫3割の24.0％とあわせると50％を超える。妻が10割という夫婦も9.6％存在し、妻が7割以上負担している夫婦が全体の6割を超える[9]。

　また、育児休業の取得率をみても、男女の差はなお大きい。2016年7月26日に厚生労働省が公表した「「平成27年度雇用均等基本調査」の結果概要（以下、厚生労働省（2016b）と呼ぶ。）」によれば、2013（平成25）年10月1日から2014（平成26）年9月30日までの1年間に在職中に出産した女性のうち、2015（平成27）年10月までに育児休業を開始した者（育児休業の申出をしている者を含む。）の割合は81.5％である[10]。平成26年度調査よりも5.1％低下しているが、8割を超えている。これに対し、2013（平成25）年10月1日から2014（平成26）年9月30日までの1年間に配偶者が出産した男性のうち、2015（平成27）年10月までに育児休業を開始した者（育児休業の申出をしている者を含む。）の割合は2.65％である[11]。平成26年度調査よりも0.35％上昇しているが、3％にも達せず、依然と

して非常に低い割合にとどまっている。

　2001年のOECDによる国際比較調査によれば、5歳未満児のいる夫婦の夫の育児、家事時間は日本では1時間弱にすぎないが、スウェーデンでは3.7時間、ドイツでは3.5時間、アメリカでは2.6時間ある[12]。時点が古いデータではあるが、その後も日本の男性の育児分担が急に進んでいるとは思えない。諸外国と比べても、日本の男性の育児分担が際立って少ないことは残念である。その背景には、いわゆる伝統的性別役割分担意識に基づいて家事や育児を男性がすることを良しとしない考え方の影響も否定できないが、必ずしも日本人男性の多くが育児をする意欲をもっていないわけではない。2009年に乳幼児の父親を対象としてベネッセ次世代育成研究所が行った調査によれば[13]、「家事や育児に今以上にかかわりたい」と思う父親は54.2％にのぼる。意欲があっても家事や育児にかかわることができないのは、長時間残業などの職場環境の悪さから、育児をする余力がないものと思われる。働き方改革は、どこまで政策によって職場を変えることができるかという難題であるが、父親の育児関与を促し、育児の社会的孤立を防ぐことにもつながると期待される。

　これまで述べたように、親は遠くにいて、近所づきあいが薄いために育児協力者を見つけにくく、父親が育児をあまり分担しない結果として、育児の負担が母親一人にかかることが多いと考えられる。

　その結果として、他の誰かに助けてもらうことができずに母親一人が育児をする「育児の社会的孤立」が広まっていると考えられる[14]。育児経験の浅い親は、たいてい育児書を頼りに育児をするが、育児書どおりに育つ子どもはいない。筆者も育児休業を取得するなど自分の子どもの育児を分担してみて、育児書どおりに育たないことは実感した。育児書に書かれている標準的なケースよりも成長が早ければよいが、なかなか歩き出さなかったり、言葉を話すのが遅ければ、子どもに障害があるのではないか、あるいは自分の育て方が間違っているのではないかなど心配になるものである。育児の社会的孤立が広まっていることは、育児は大変だというイメージを若い女性が持つことにつながり、少子化の一因にもなっていると考えられる。

　ところで、育児の社会的孤立という点では、都市部のほうが地方よりも人間

関係が希薄化していると考えられることから、地方のほうが都市部よりも良い環境にあると考えられる。伊豆市で行ったヒアリング調査では、子どもが少ない分、市役所の担当者は地域の母親の顔を覚えているとのことだった。そのような、いわば顔の見える行政は都市部では実現できないであろう。

ただし、地元に残るあるいは都市部からUターンして育児をするのでなく、都市部から地方にIターンする育児世帯であれば、地域に溶け込んで育児協力者を見つけることは必ずしも容易ではない。地方における助け合いの人間関係は、ともすれば排他的であり、他所者が入り込めないものである。前章で述べたように人口減少地域では子どもが減少しており、このままでは保育所や小学校など子どもを育てるために欠かせない機能が地域から失われて、事実上、子どもを育てられない地域になってしまう。そうした危機感を地域住民が共有し、よそ者である育児世代を受け入れる環境を整えることは、既に子どもの減少した地域で人口減少を緩和するために必要なことであると考えられる。

自治体と地域住民と連携して、地域ぐるみで育児を支援する体制を築くことが望まれる。

[参照条文等]
○児童福祉法（昭和22年12月12日法律第164号）（抄）
第6条の3　この法律で、児童自立生活援助事業とは、第二十五条の七第一項第三号に規定する児童自立生活援助の実施に係る義務教育終了児童等（義務教育を終了した児童又は児童以外の満二十歳に満たない者であつて、第二十七条第一項第三号に規定する措置のうち政令で定めるものを解除されたものその他政令で定めるものをいう。以下同じ。）につき第三十三条の六第一項に規定する住居において同項に規定する日常生活上の援助及び生活指導並びに就業の支援を行い、あわせて第二十五条の七第一項第三号に規定する児童自立生活援助の実施を解除された者につき相談その他の援助を行う事業をいう。
2　この法律で、放課後児童健全育成事業とは、小学校に就学している児童であつて、その保護者が労働等により昼間家庭にいないものに、授業の終了後に児童厚生施設等の施設を利用して適切な遊び及び生活の場を与えて、その健全な育成を図る事業をいう。
（後略）

第34条の8の2　市町村は、放課後児童健全育成事業の設備及び運営について、条例

で基準を定めなければならない。この場合において、その基準は、児童の身体的、精神的及び社会的な発達のために必要な水準を確保するものでなければならない。
2　市町村が前項の条例を定めるに当たつては、放課後児童健全育成事業に従事する者及びその員数については厚生労働省令で定める基準に従い定めるものとし、その他の事項については厚生労働省令で定める基準を参酌するものとする。
3　放課後児童健全育成事業を行う者は、第一項の基準を遵守しなければならない。

○放課後児童健全育成事業の設備及び運営に関する基準（平成二十六年四月三十日厚生労働省令第六十三号）（抄）
（最低基準の目的）
第2条　法第三十四条の八の二第一項の規定により市町村が条例で定める基準（以下「最低基準」という。）は、利用者が、明るくて、衛生的な環境において、素養があり、かつ、適切な訓練を受けた職員の支援により、心身ともに健やかに育成されることを保障するものとする。

（設備の基準）
第9条　放課後児童健全育成事業所には、遊び及び生活の場としての機能並びに静養するための機能を備えた区画（以下この条において「専用区画」という。）を設けるほか、支援の提供に必要な設備及び備品等を備えなければならない。
2　専用区画の面積は、児童一人につきおおむね一・六五平方メートル以上でなければならない。
3　専用区画並びに第一項に規定する設備及び備品等（次項において「専用区画等」という。）は、放課後児童健全育成事業所を開所している時間帯を通じて専ら当該放課後児童健全育成事業の用に供するものでなければならない。ただし、利用者の支援に支障がない場合は、この限りでない。
4　専用区画等は、衛生及び安全が確保されたものでなければならない。

（職員）
第10条　放課後児童健全育成事業者は、放課後児童健全育成事業所ごとに、放課後児童支援員を置かなければならない。
2　放課後児童支援員の数は、支援の単位ごとに二人以上とする。ただし、その一人を除き、補助員（放課後児童支援員が行う支援について放課後児童支援員を補助する者をいう。第五項において同じ。）をもってこれに代えることができる。
3　放課後児童支援員は、次の各号のいずれかに該当する者であって、都道府県知事が行う研修を修了したものでなければならない。
　一　保育士（国家戦略特別区域法（平成二十五年法律第百七号）第十二条の四第五項に規定する事業実施区域内にある放課後児童健全育成事業所にあっては、保育士又は当該事業実施区域に係る国家戦略特別区域限定保育士）の資格を有する者

二　社会福祉士の資格を有する者
　三　学校教育法（昭和二十二年法律第二十六号）の規定による高等学校（旧中等学校令（昭和十八年勅令第三十六号）による中等学校を含む。）若しくは中等教育学校を卒業した者、同法第九十条第二項の規定により大学への入学を認められた者若しくは通常の課程による十二年の学校教育を修了した者（通常の課程以外の課程によりこれに相当する学校教育を修了した者を含む。）又は文部科学大臣がこれと同等以上の資格を有すると認定した者（第九号において「高等学校卒業者等」という。）であって、二年以上児童福祉事業に従事したもの
　四　学校教育法の規定により、幼稚園、小学校、中学校、義務教育学校、高等学校又は中等教育学校の教諭となる資格を有する者
　五　学校教育法の規定による大学（旧大学令（大正七年勅令第三百八十八号）による大学を含む。）において、社会福祉学、心理学、教育学、社会学、芸術学若しくは体育学を専修する学科又はこれらに相当する課程を修めて卒業した者
　六　学校教育法の規定による大学において、社会福祉学、心理学、教育学、社会学、芸術学若しくは体育学を専修する学科又はこれらに相当する課程において優秀な成績で単位を修得したことにより、同法第百二条第二項の規定により大学院への入学が認められた者
　七　学校教育法の規定による大学院において、社会福祉学、心理学、教育学、社会学、芸術学若しくは体育学を専攻する研究科又はこれらに相当する課程を修めて卒業した者
　八　外国の大学において、社会福祉学、心理学、教育学、社会学、芸術学若しくは体育学を専修する学科又はこれらに相当する課程を修めて卒業した者
　九　高等学校卒業者等であり、かつ、二年以上放課後児童健全育成事業に類似する事業に従事した者であって、市町村長が適当と認めたもの
4　第二項の支援の単位は、放課後児童健全育成事業における支援であって、その提供が同時に一又は複数の利用者に対して一体的に行われるものをいい、一の支援の単位を構成する児童の数は、おおむね四十人以下とする。
5　放課後児童支援員及び補助員は、支援の単位ごとに専ら当該支援の提供に当たる者でなければならない。ただし、利用者が二十人未満の放課後児童健全育成事業所であって、放課後児童支援員のうち一人を除いた者又は補助員が同一敷地内にある他の事業所、施設等の職務に従事している場合その他の利用者の支援に支障がない場合は、この限りでない。

〇児童福祉施設の設備及び運営に関する基準（昭和23年12月29日厚生省令第63号）（抄）
（職員）
第33条　保育所には、保育士（特区法第十二条の四第五項に規定する事業実施区域内にある保育所にあつては、保育士又は当該事業実施区域に係る国家戦略特別区域限

定保育士。次項において同じ。)、嘱託医及び調理員を置かなければならない。ただし、調理業務の全部を委託する施設にあつては、調理員を置かないことができる。
2　保育士の数は、乳児おおむね三人につき一人以上、満一歳以上満三歳に満たない幼児おおむね六人につき一人以上、満三歳以上満四歳に満たない幼児おおむね二十人につき一人以上、満四歳以上の幼児おおむね三十人につき一人以上とする。ただし、保育所一につき二人を下ることはできない。

[注]
1) OECD (2015) p. 270 Table B. Employment/population ratios by selected age groups (cont.) As a percentage of the male population in each age group. より。
2) 厚生労働省 (2016a：5)
3) 富山県庁のホームページ「富山型デイサービスとは」(http://www.toyama-kyosei.jp/service/ (2016年6月15日閲覧)) による。
4) たとえば静岡県においても、ふじのくに型福祉サービスの一類型として対象者ごとの縦割りを越えた共生型サービスが推進されている。
5) http://www.city.itabashi.tokyo.jp/c_kurashi/008/008977.htm (2016年6月29日閲覧)。
6) なお、子ども・子育て支援新制度では、保育士不足を解消するための待遇改善措置などが講じられているが、そうしたコストは給付単価には反映されていないことから、厳密にいえば10割負担よりは負担は軽いと考えられる。
7) 「下條村の概要と主な施策」(新たな少子化対策大綱策定のための検討会 (第2回) 2014年11月26日開催　資料2) (http://www8.cao.go.jp/shoushi/shoushika/meeting/taikou/k_2/pdf/s2.pdf (2017年3月10日閲覧))。
8) 厚生労働省が自治体に通知している「放課後児童クラブ運営指針」において、「子どもとの安定的、継続的な関わりが重要であるため、放課後児童支援員の雇用に当たっては、長期的に安定した形態とすることが求められる。」とされているが、常勤を義務付けてまではいない。
9) 内閣府 (2009b) p. 76
10) 厚生労働省 (2016b) p. 10
11) 同上。
12) OECD"Employment Outlook2001"より。
13) 「第2回乳幼児の父親についての調査」速報版 (ベネッセ次世代育成研究所) (2011年2月1日発行) より。なお、本調査は、首都圏 (東京都、埼玉県、千葉県、神奈川県) および地方の0歳から6歳 (就学前) の乳幼児を持つ父親5103名を対象としたインターネット調査である。
14) 育児の社会的孤立の詳細については、藤本健太郎 (2012) の第2章を参照されたい。

第4章

育児の経済的支援
――高齢者に偏重する社会保障、重い教育費負担――

　日本における育児の経済的支援は、序章でも述べたように、残念ながら十分とは言い難い。児童手当を例にとれば、欧州主要国では所得制限はなく給付額も日本より高い。保育料については応能負担とされており、国は負担上限額を定めて実際の負担額は自治体によって異なるが、最も負担が重い場合は10割負担であり、親が全額を負担する。

　また、育児に対する直接的な経済支援以外についても、社会保障における育児家庭への配慮は十分とはいえない。たとえば医療費の患者自己負担については、未就学児は2割負担であり、現役世代が3割負担であることに比べれば軽減されているが、高齢者の1割負担よりも重い負担が課されている[1]。

　さらに、育児の経済的負担という点では教育費は重要な要素であるが、諸外国に比べると自己負担が重いという指摘もなされている。

　仮に育児家庭全般の経済状況に大きな余裕があるのであれば、経済的支援が少なく、負担軽減措置が充実していないことは合理的である。しかし、近年、非正規雇用の増大など、若い世代の経済的状況は厳しいことを本章で述べる。また、これも後で詳しく述べるが、ユニセフのレポートにおいて国際的にみても日本は子どもの相対的貧困率が高いことが指摘されるなど、子どもの貧困の問題が注目されるようになったが、子どもの貧困が顕在化したのは育児世帯の経済的な苦境の表れであり、育児世帯の経済状況に大きな余裕があるとはいえない。

　序章で述べたように、出生動向には多くの要素が関係し、そもそも子どもは授かりものであることから、育児の経済的支援策にどれだけ予算をかければどれだけ出生動向が回復するというような具体的な効果は示しにくい。また、投資減税をすれば企業の設備投資が増えるように施策を講じてすぐに効果が現れるわけでもない。たとえば、実際に育児をした人から、国の支援もあってそん

なに経済的に大変ではなかったという体験談が伝わって、それなら自分も子どもを産み育てられるのではないかという思いが広がるには時間がかかる。しかし、それでもフランスでは効果があることを信じて充実した育児支援策が講じられてきた。まして、現在の日本では若い世代が経済的に不安定であり、子どもの貧困が先進国の中では深刻である状況を考えれば、育児の経済的支援を充実することは、具体的な効果は明示できなくても、出生動向の回復に効果があると考えられる。

このため、本章では、育児の経済的支援策について論じることにしたい。

1　経済的な余裕のない育児世代

1）　高齢世代よりも経済的に余裕のない育児世代

今日の日本において、育児世代の置かれている経済状態はどのようになっているのだろうか。伝統的な社会保障の考え方では高齢者は他の世代と比べて経済的弱者とされ、勤労世代のほうが経済的な余力があると考えられてきた。このことは、育児は親の負担で行うべきであるという考え方が根強くある背景になっていると考えられる。

しかし、藤本健太郎（2012）でも指摘したが、なお経済的に厳しい状況に置かれている高齢者はいるものの、年金制度の成熟などによって高齢者の全般的な経済的状況は改善していると考えられる[2]。一方、非正規社員の増加など労働市場の変化により、現在では育児世代の経済状況は厳しくなっていると考えられる。

世代別の世帯所得の状況は、2016（平成28）年の国民生活基礎調査によると、図表4-1のとおりである。

世帯規模が比較的小さい高齢者世帯の所得は少なくみえるが、一般的に高齢者世帯は現役世帯よりも人数が少ないため、実質的な経済的状況をみるのであれば、世帯人員一人当たりの所得に着目すべきであろう。図表4-1に示されているように、世帯人員一人当たりの平均所得金額が最も高いのは50〜59歳の264万円であり、世帯人員一人当たりの平均所得が最も低いのは30〜39歳の177.1万円である。まだ勤続年数も短い29歳以下あるいは70歳以上と比べても

図表 4-1　世帯主の年齢階級別にみた一世帯当たり～世帯人員一人当たり平均所得金額

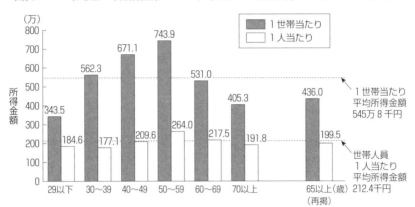

注：熊本県を除いたものである。なお、平成24年の熊本県分を除いた46都道府県の数値は、参考表9に掲載している。
出所：平成28年度国民生活基礎調査　結果の概要　図12

30～39歳の世帯人員一人当たり平均所得金額が低いということは、育児世代の置かれている経済的状況の厳しさを象徴していると思われる。29歳以下の世帯人員一人当たりの平均所得金額は184.6万円、40～49歳の世帯人員一人当たりの平均所得金額は209.6万円であり、いずれも60～69歳の217.5万円を下回っている。

このように、世帯一人当たり平均所得金額でみれば、20代から40代の育児世代は60代よりも所得が低くなっている状況が浮かび上がる。20代および30代については、主たる収入源が年金であると考えられる70代以上よりも世帯一人当たり平均所得金額が低い。

また、世代別の資産の状況をみると、以下の図のとおりである。

図表4-2に示されているように、育児世代である20～40代が世帯主である世帯では、いずれも平均貯蓄額が平均借入金額を下回っている。

このように、所得と資産の状況をあわせてみれば、育児世代が経済的に厳しい状況に置かれていることが分かる。経済的に苦しいのであれば、一生懸命働けば良いと思う人もいるかもしれない。しかし、かつての高度成長社会では真面目に働ければ賃金は上がるものであったが、現在の低成長社会では、非正規

第4章　育児の経済的支援

図表4-2　世帯主の年齢別にみた1世帯当たりの貯蓄、借入の状況

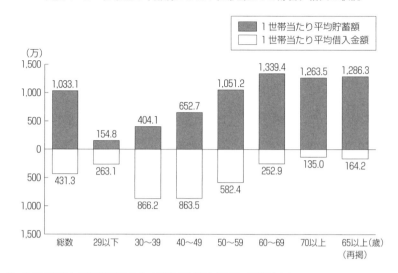

注：1）「1世帯当たり平均貯蓄額」には、不詳及び貯蓄あり額不詳の世帯は含まない。
　　2）「1世帯当たり平均借入金額」には、不詳及び借入金あり額不詳の世帯は含まない。
　　3）年齢階級の「総数」には、年齢不詳を含む。
　　4）熊本県を除いたものである。なお、平成25年の熊本県分を除いた46都道府県の数値は、参考表13に掲載している。
出所：平成28年度国民生活基礎調査　結果の概要　図14

雇用は増加し、ワーキングプアの問題に象徴されるように、懸命に働いても賃金は上がるとは限らない³⁾。

育児世代の経済状況が厳しい一つの原因は、非正規雇用の増加にあると考えられる。

総務省の平成28年度労働力調査によれば、近年の正規雇用、非正規雇用の状況は図表4-3のとおりである。

図表4-3に示されているように、2016年平均では、男女あわせた非正規雇用の比率は37.5％である。2014年から非正規雇用の比率の上昇に歯止めがかかった感はあるが、雇用全体の4割近くを占め続けている。

また、かつての日本では一家の生計の柱は正規雇用の職についていることが多かったが、現在では非正規雇用の職についている場合も少なくないと思われる。そして、男性に比べると女性のほうが非正規雇用の比率が高い。図表4-3

図表 4 - 3　正規雇用、

		雇用形態	雇用者	うち役員を除く雇用者	正規の職員・従業員	非正規の職員・従業員	パート・アルバイト	パート
男女							実　数（万人）	
実数	男女計	2012年平均	5522	5154	3340	1813	1241	888
		2013	5545	5201	3294	1906	1320	928
		2014	5586	5240	3278	1962	1347	943
		2015	5632	5284	3304	1980	1365	961
		2016	5720	5372	3355	2016	1398	984
	男	2012年平均	3147	2865	2300	566	272	97
		2013	3140	2878	2267	610	301	101
		2014	3151	2889	2259	630	304	103
		2015	3158	2896	2261	634	312	108
		2016	3189	2926	2278	648	324	115
	女	2012年平均	2375	2288	1041	1247	969	792
		2013	2405	2323	1027	1296	1019	826
		2014	2436	2351	1019	1332	1042	840
		2015	2473	2388	1042	1345	1053	852
		2016	2531	2445	1078	1367	1074	869
対前年増減	男女計	2012年平均	-9	-9	-12	2	12	14
		2013	23	47	-46	93	79	40
		2014	41	39	-16	56	27	15
		2015	46	44	26	18	18	18
		2016	88	88	51	36	33	23
	男	2012年平均	-16	-20	-13	-5	-4	3
		2013	-7	13	-33	44	29	4
		2014	11	11	-8	20	3	2
		2015	7	7	2	4	8	5
		2016	31	30	17	14	12	7
	女	2012年平均	6	9	2	6	15	13
		2013	30	35	-14	49	50	34
		2014	31	28	-8	36	23	14
		2015	37	37	23	13	11	12
		2016	58	57	36	22	21	17

出所：平成28年度労働力調査　表1

のとおり、2016年平均では、男性の非正規雇用の比率が22.1％であるのに対し、女性の非正規雇用の比率は55.9％と二倍以上の高さとなっている。

　さらに、正規雇用に比べると所得の伸びが小さく、管理職に昇進しづらいなどキャリアアップが難しいことに加えて、リーマンショックのときに非正規雇

第4章　育児の経済的支援

非正規雇用の状況

アルバイト	労働者派遣事業所の派遣社員	契約社員	嘱託	その他	割合(%・ポイント) 正規の職員・従業員	非正規の職員・従業員
353	90	354		128	64.8	35.2
392	116	273	115	82	63.3	36.7
404	119	292	119	86	62.6	37.4
405	126	287	117	83	62.5	37.5
414	133	286	119	81	62.5	37.5
175	36	197		61	80.3	19.7
200	48	147	72	42	78.8	21.2
201	48	159	76	43	78.2	21.8
204	50	154	75	42	78.1	21.9
208	55	154	74	42	77.9	22.1
177	55	157		67	45.5	54.5
192	68	126	43	40	44.2	55.8
202	71	133	44	42	43.3	56.7
201	76	133	43	41	43.7	56.3
205	78	133	44	39	44.1	55.9
−2	−6	−6		1	−0.1	0.1
39	26	34		−46	−1.5	1.5
12	3	19	4	4	−0.7	0.7
1	7	−5	−2	−3	−0.1	0.1
9	7	−1	2	−2	0.0	0.0
−7	−3	0		−1	0.2	−0.2
25	12	22		−19	−1.5	1.5
1	0	12	4	1	−0.6	0.6
3	2	−5	−1	−1	−0.1	0.1
4	5	0	−1	0	−0.2	0.2
4	−4	−6		1	−0.1	0.1
15	13	12		−27	−1.3	1.3
10	3	7	1	2	−0.9	0.9
−1	5	0	−1	−1	0.4	−0.4
4	2	0	1	−2	0.4	−0.4

用の雇い止めが多くみられたように、非正規雇用では経済的に安定しない。また、後述するように、非正規雇用の職に就いている者の多くは国民年金が適用され、老後の所得保障や家族の所得保障においても、厚生年金が適用される正規雇用の職に就いている者に比べると保障が十分ではない。

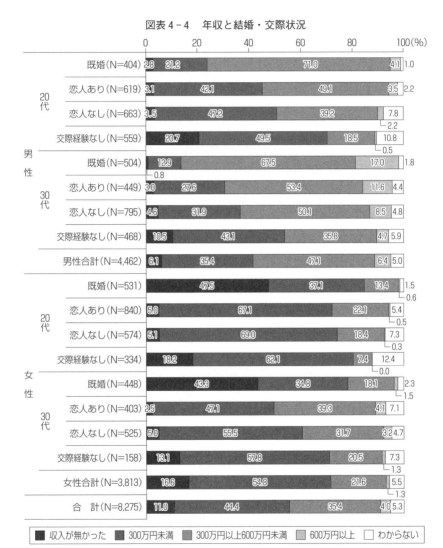

図表4-4　年収と結婚・交際状況

* 「300万円未満」は「100万円未満」、「100万円〜200万円未満」、「200万円〜300万円未満」の合計。
* 「300万円以上600万円未満」は「300万円〜400万円未満」、「400万円〜500万円未満」、「500万円〜600万円未満」の合計。
* 「600万円以上」は「600万円〜800万円未満」、「800万円〜1000万円未満」、「1000万円以上」の合計。
* 「既婚」は、結婚3年以内。

出所：内閣府（2011b）p.16より抜粋

2) 経済的不安定さと未婚化

次に、育児世代の所得が低く、経済的に安定しないことが、どのような問題の背景となっているか、見ていくこととしたい。

まず、非婚化の背景となっていることが懸念される。

内閣府（2011b）によれば、**図表4-4**のとおり、20～30代の男性では、年収300万円が境にして結婚の状況が大きく異なる。20代の既婚者のうち、年収300万未満の者が占める比率は21.2%にとどまる。30代の既婚者については、年収300万未満の者が占める比率は約12.9%にすぎない。さらに結婚以前の交際の状況にも年収が大きく影響しており、20代の交際経験なしのうち、49.5%とほぼ半数が年収300万未満の者であり、無収入の20.7%とあわせると、約7割に達する。

また、内閣府（2015）によれば、結婚生活に必要な夫婦の年収（税込）は、平均で490.3万円である[4]。ただし、「未婚」（497.9万円）の方が、「既婚」（484.2万円）よりも必要と考える年収額平均が14万円ほど高い。

そして、現在結婚していない理由として最も多いのは「適当な相手にめぐり合わないから」の54.3%であるが、「結婚後の生活資金が足りないと思うから」も26.9%いる。特に男性については、35.2%が「結婚後の生活資金が足りないと思うから」と回答しており[5]、若い男性にとっては経済的に安定しないことが結婚に踏み切れない理由となっていることがうかがえる。

この点について、天野馨南子（2016）は、未婚者が既婚者よりも「結婚生活にお金がかかると思い込んでいる」ことを指摘し、結婚にはお金が必要だという未婚男女の思い込みが問題であると指摘している。この「思い込み」が問題だという指摘は興味深い。平均賃金の高い都市部にいかないと家庭を持てないという思い込みを解消することは、若者の都市部への流入を止める対策となる可能性がある。さらに、結婚にかかる費用は、家賃一つをとってみても地方では都市部に比べて必要な費用はかなり少ないと思われる。しかし、内閣府（2015）によれば、結婚生活に必要と考えられている夫婦の年収（税込）は都市では平均509.6万円であり、地方の平均482.1万円よりも高いが、さほど大きな差ではない。地方でも都市部と同様に結婚や子育てには多くの収入が必要であるという「思い込み」の可能性もある。

3) 経済的不安定さと少子化

　若い世代が十分な経済力を持てないことが非婚化に影響していることをみてきたが、さらに少子化の背景になっていると考えられる。

　内閣府（2015）によれば、子育ての不安要素として最も多く挙げられているのは「経済的にやっていけるか」であり、63.9％の人が挙げている[6]。なお、夫婦の年収別では、「経済的にやっていけるか」が「（400万円～）600万円未満」で72.3％に対し、「（600万円～）800万円未満」では55.3％と低下するが、なお過半数を占める。「年収800万円以上」では40.7％と半数を下回る[7]。このように、夫婦の年収が800万円未満では半数以上が育児の経済的不安を抱えており、年収800万円以上でも4割が不安だとしている。結婚以上に多くの年収が必要だと考えられており、育児の経済的負担が重いことが浮き彫りになっている。

　また、本人雇用形態別にみると、女性の正規雇用者で「仕事をしながら子育てするのが難しそう」が70.8％にのぼっており、育児と仕事の両立の不安感も大きいことが伺える。育児のための安定的な経済基盤を築くには夫婦ともに正規社員として働くことが望ましいが、その場合は育児と仕事との両立が課題になる。このため、両立支援策の充実は少子化対策としても重要であり、また、人口減少地域から育児世代が減少することを防ぐためにも重要な対策となる。育児と仕事の両立支援については、第6章で詳しく述べることにしたい。

　育児の不安として経済的負担が大きな要素となっている結果、経済的負担を理由に出産をためらうことにつながっている。国立社会保障・人口問題研究所（2016）によれば、予定子ども数が理想子ども数を下回る夫婦の回答した理想の子ども数を持たない理由は図表4-5のとおりであり、「子育てや教育にお金がかかりすぎるから」を挙げた夫婦は全体の56.3％にのぼり、過半数を占めている。さらにその内訳をみると、理想1人以上予定0人の夫婦では「子育てや教育にお金がかかりすぎるから」を挙げた比率は15.6％にとどまるが、理想2人以上予定1人の夫婦では43.8％と大きく上昇し、さらに理想3人以上予定2人以上の夫婦では69.8％と7割近くに上ることである。すなわち子育てや教育の経済的負担が多いために子どもを1人あるいは2人で諦めている人が多いことが示されている。

第4章 育児の経済的支援

図表4-5 理想の子ども数を持たない理由

理想子ども数と予定子ども数の組み合わせ	予定子ども数が理想子ども数を下回る夫婦の内訳(%)（客体数）	経済的理由		理想の子ども数を持たない理由（%）			夫に関する理由			その他	
		子育てや教育にお金がかかりすぎるから	自分の仕事（勤めや家業）に差し支えるから	家が狭いから	年齢・身体的理由		育児負担 これ以上、育児の心理的、肉体的負担に耐えられないから	夫の家事・育児への協力が得られないから	一番末子が夫の定年退職までに成人してほしいから	夫が望まないから	子どもがのびのび育つ社会環境ではないから	自分や夫婦の生活を大切にしたいから
					高年齢で生むのはいやだから	欲しいけれどもできないから	健康上の理由から					
理想1人以上 予定0人	6.1（77）	15.6	6.5	1.3	39.0	74.0	24.7	9.1	2.6	2.6	3.9	6.5	9.1
理想2人以上 予定1人	39.2（491）	43.8	11.8	6.1	42.4	34.8	17.5	14.1	11.6	6.5	9.4	5.7	4.9
理想3人以上 予定2人以上	54.7（685）	69.8	18.7	16.1	38.1	9.8	14.7	21.0	9.6	8.3	7.7	6.1	6.3
総数	100.0（1,253）	56.3	15.2	11.3	39.8	23.5	16.4	17.6	10.0	7.3	8.1	6.0	5.9

注：対象は予定子ども数が理想子ども数を下回る初婚どうしの夫婦。理想・予定子ども数の差の理由不詳を含まない選択率。複数回答のための合計値は100％を超える。予定子ども数が理想子ども数を下回る夫婦の割合は、それらの不詳を除く30.3％である。
出所：国立社会保障・人口問題研究所（2016）p. 40 図表Ⅲ-1-10

4) 若い世代の経済的不安定さがもたらす様々な問題

　若い世代が経済的な余裕を失っていることは、ほかの様々な問題にもつながっている。白川泰之（2014）は、若年層の持ち家率の低下が顕著であり、これまでのような正社員として就職、結婚、子供の誕生、継続的な賃金の上昇、住宅の購入といったライフサイクルを前提とすることは難しくなってきていることを指摘している。[8] また、土井勉（2014）は若い世代が車を購入しないことについて、普通車を所有するとガソリン代、税金、車検費用、保険料、維持管理費等が必要になり、コンパクトカーで年間50万円程度はかかるとされていることから、若者の平均所得に鑑みて、50万円の保有費用を負担して、自動車を持つには余程の強い動機がないと容易ではないと指摘している。[9]

　経済的に安定しない若い世代の中には、親から独立して生活を営めない者も少なくないと思われる。親が現役世代のうちは親の勤労収入に依存して暮らし、親が引退した後は、今度は親の年金に依存する。パラサイトシングルの名付け親である山田昌弘教授は、親の年金に依存して生活せざるをえない低収入の現役世代を年金パラサイトと呼んでいる。

　従来の社会保障制度では、高齢者は経済的弱者であるとして、年金に課される医療保険料や介護保険料の負担は軽く、医療保険においては患者自己負担が子どもよりも軽いなど、様々な優遇制度が講じられてきている。

　しかし、非正規社員の増加等による若年世代の賃金の伸び悩み、年金制度の成熟などによって社会状況は変化しており、後述するように諸外国に比べて親の教育費負担も重いことも考慮すれば、現在の日本では本当に経済的弱者として重点的に優遇措置を講じるべきなのは、むしろ育児家庭ではないかと考えられる。

　誤解のないように述べておきたいが、高齢者にも貧困に苦しんでいる人たちは依然として存在する。ここでは高齢者は全体としてみれば経済的弱者ではないと論じているのであって、貧困状態にある高齢者がいることを否定するものではない。なお、高齢者の平均所得は低くないにも関わらず高齢者の貧困の問題が解消していないことの背景には、高齢者の間での貧富の格差があると考えられる。今日の日本では高齢者の主たる収入源は公的年金である。かつては子どもからの仕送りも主要な収入源であったが、今日では日本の年金制度は成熟

しており、老後生活の柱となっている。なお、年金制度に成熟が必要であるとは、年金制度では一般に長い期間保険料を納めることが想定されているため、給付設計どおりの年金が支給されるまでには相当の期間がかかることを指している。たとえば40年間保険料を支払った場合に満額の年金が支給されるように給付設計されていれば、満額の年金が支給され始めるまでには年金制度創設から40年かかることになる。日本では皆年金が達成されて現在の公的年金の骨組みが形成されたのは1961年であることから、日本の年金制度は成熟しているといえる。

しかし、公的年金の種類によって給付水準が大きく異なるため、高齢者の経済格差の背景となっていると考えられる。厚生労働省年金局が2015（平成27）年12月に公表した「平成26年度　厚生年金保険・国民年金事業の概況」によれば、2014（平成26）年度末現在で、厚生年金保険受給者の平均年金月額（老齢年金）は14万7,513円であるのに対して、国民年金の平均年金月額（老齢年金）は5万4,497円である。

このように、国民年金の平均年金月額は厚生年金のほぼ3分の1となっており、厚生年金との間に大きな格差がある。このことが、高齢者の経済格差の背景となっている。

なお、国民年金は定年のない自営業者等を対象としており、定年があって老後保障のニーズがより大きいと考えられる被用者は厚生年金に加入することになっている。しかし、実際には非正規雇用の労働者の多くが国民年金に加入していることから、このままでは正規雇用と非正規雇用との間で、老後の経済格差も大きくなってしまう。上述したように、若い世代の非正規雇用の比率も上昇傾向にあることから、いずれ高齢世代になったときに貧困に陥ることが懸念される。このため、非正規雇用の労働者のうち、特に正規雇用への意欲のある不本意非正規雇用者の正規雇用への転換、また非正規雇用労働者への被用者年金の拡大が課題となっている。

5）子どもの貧困

ここまで、若い世代の置かれている経済的状態が厳しいことが述べてきた。それはまた、子どもの貧困につながっていると考えられる。

図表 4-6　子どもの相対的貧困率の国際比較

値	国
4.7	Iceland
5.3	Finland
6.1	Cyprus
6.1	Netherlands
6.1	Norway
6.3	Slovenia
6.5	Denmark
7.3	Sweden
7.3	Austria
7.4	Czech Republic
8.1	Switzerland
8.4	Ireland
8.5	Germany
8.8	France
8.9	Malta
10.2	Belgium
10.3	Hungary
10.9	Australia
11.2	Slovakia
11.7	New Zealand
11.9	Estonia
12.1	United Kingdom
12.3	Luxembourg
13.3	Canada
14.5	Poland
14.7	Portugal
14.9	Japan
15.4	Lithuania
15.9	Italy
16.0	Greece
17.1	Spain
17.8	Bulgaria
18.8	Latvia
23.1	USA
25.5	Romania

出所：UNICEF Innocenti Research Centre Report Card 10 2012 p.3

　2012年のユニセフのイノチェンティレポートのカード10は先進国の子どもの貧困をテーマとしていたが、図表4-6に示されているとおり、子どもの相対的貧困率でみると日本は14.9％[10]という高い数値であり、先進諸国の中でも高い[11]ことが指摘され、反響を呼んだ。

　日本は世界でも豊かな国であることは事実であり、最低限の衣食住に困っているような子どもは多くないと考えられる。しかし、相対的貧困率が高いということは、子どもの間での経済的格差が大きいことを示している。そのことはまた、育児世帯の間の経済的格差が大きいことを示唆している。

さらに、育児家庭の経済的格差は、教育の格差につながることが懸念される。私立学校の授業料が負担できないことのみならず、塾や予備校に子どもを通わせる余裕もないため、子どもの学力に親の経済力が影響していると懸念される。

そして、学歴が生涯賃金に影響することを考えれば、親の経済力の格差が子どもの学歴に影響することは、貧困の連鎖につながることも懸念される。

2 育児の経済的負担と支援策

ここまで育児世代の経済的状況が厳しいことをみてきた。次に、日本における育児の経済的負担とその支援策の現状と課題についてみることにしたい。

1) 保育料の負担

育児支援サービスの代表格は保育所である。保育所は公費で運営されているイメージが強く、親の負担は少ないと思われがちである。しかし、実際には親の負担は重い。前章で詳しく述べたが、負担能力に応じて自己負担額が決定される応能負担であるために所得がなければ負担は軽いが、一定以上の所得がある場合、保育にかかる基本的なランニングコストである給付単価の全額を親が負担するケースもある。他の社会保障サービスをみれば、自己負担は医療保険と介護保険では、ともに最大3割負担である。医療保険や介護保険では、利用したサービスに応じて負担する応益負担という考え方に基づいて自己負担額が決まるため、単純に比較することはできないが、最大でほぼ10割を負担するという保育料の負担の仕組みは、際立って重い負担である。

また、負担能力については世帯単位で考慮されるために、仮に母親の年収が低くても、父親の年収が高ければ負担額は大きくなる。母親の立場で考えれば、自分が働いていることによって発生する保育料のコストが自分の収入のかなりの部分を占めるとなると、働く意欲が減少することになる。政府全体としては働く女性を支援する方針であることも考慮すれば、所得が上昇すると保育料の負担が増える仕組みは問題があるのではないか。

2) **教育費の負担**

　育児の経済的負担について議論しようとすれば、教育費の負担について避けて通ることはできない。

　教育は政府の果たすべき役割の典型例の一つであるとされ、「教育は国家百年の計」とも言われるが、教育に対する日本の公的支出は国際的にみると少ない。OECDによると、2012年の一般政府総支出及び国内総生産（GDP）に占める公財政教育支出は、OECD各国平均では4.8％だが、日本は3.7％であり、イタリア（3.6％）等とともに最も低いグループに属し、高い教育水準で知られるフィンランド（6.1％）やスウェーデン（5.9％）などの北欧諸国やイギリス（5.4％）に比べると、かなり低い[12]。この点について、中澤渉（2014）は、日本政府の教育に対する公的支出の割合は、その経済規模に比して非常に小さく、先進国で最低水準であると指摘している[13]。

　また、国際比較をすると日本は高等教育について特に私的負担の比率が高い。OECD（2015a）によると、高等教育機関に対する支出の対GDP比はOECD各国平均1.5％に対し日本は1.5％であり、ちょうど同じ比率である。しかし、その内訳はOECD各国平均では公財政支出1.2％、私費負担0.4％であるのに対し、日本は公財政支出0.5％、私費負担1.0％であり、支出の3分の2が私費負担によっている。フィンランドは1.8％（うち公財政支出1.8％、私費負担0.1％）、スウェーデンは1.7％（うち公財政支出1.5％、私費負担0.2％）、イギリスは1.8％（うち公財政支出1.2％、私費負担0.6％）であることと比べると、支出の対GDP比はあまり低くないが、私費負担が大きいことが目立つ。さらに、フランス1.4％（うち公財政支出1.3％、私費負担0.2％）、ドイツ1.2％（うち公財政支出1.2％、私費負担0.0％）と比べると、高等教育機関に対する支出の対GDP比は日本のほうが若干高いが、私費負担の違いは際立つ。特にドイツは私費負担0.0％であり、ほとんど私費負担がない。その理由としては、ドイツの国立大学の授業料が無料であることが大きいと思われる。

　高等教育機関への支出における私費負担が大きいことは、家計にどのような影響を与えているのだろうか。平成21年版文部科学白書によれば、大学までにかかる費用は、図表4-7のとおりである。

　図表4-7に示されているように、大学卒業までに家庭が負担する教育に関す

第4章　育児の経済的支援

図表4-7　大学までにかかる費用

区　分	学習費等（※1）総額					合　計
	幼稚園	小学校	中学校	高等学校	大学（※2）	
ケース1 高校まで公立， 大学のみ国立	669,925	1,845,467	1,443,927	1545853	4,366,400 （平　均）	9,871,572
					2,876,000 （自　宅）	8,381,172
					5,332,000 （下宿・アパート）	10,837,172
ケース2 すべて公立	669,925	1,845,467	1,443,927	1,545,853	3,920,000 （平　均）	9,425,172
					2,680,400 （自　宅）	8,185,572
					4,870,000 （下宿・アパート）	10,375,172
ケース3 幼稚園及び 大学は私立， 他は公立	1,625,592	1,845,467	1,443,927	1,545,853	6,239,600 （平　均）	12,700,439
					5,175,200 （自　宅）	11,636,039
					7,905,600 （下宿・アパート）	14,366,439
ケース4 学校及び 中学校は公立， 他は私立	1,625,592	1,845,467	1,443,927	2,929,077	6,239,600 （平　均）	14,083,663
					5,175,200 （自　宅）	13,019,263
					7,905,600 （下宿・アパート）	15,749,663
ケース5 小学校だけ公立	1,625,592	1,845,467	3,709,312	2,929,077	6,239,600 （平　均）	16,349,048
					5,175,200 （自　宅）	15,284,648
					7,905,600 （下宿・アパート）	18,015,048
ケース6 すべて私立	1,625,592	8,362,451	3,709,312	2,929,077	6,239,600 （平　均）	22,866,032
					5,175,200 （自　宅）	21,801,632
					7,905,600 （下宿・アパート）	24,532,032

注：幼稚園～高等学校の教育費は文部科学省「平成20年度子どもの学習費調査結果」に基づいて作成（単位：円）。
　　大学の教育費については独立行政法人日本学生支援機構「平成20年度学生生活調査報告」に基づいて作成。
※1「学習費等」には授業料などの学校教育費や学校給食費，学校外活動費が含まれる。
※2 家庭から学生への給付額を使用。
出所：平成21年版文部科学白書　図表1－1－1

図表4-8　国立大学と私立大学の授業料等の推移

年度	国立大学			私立大学			私立大学／国立大学		
	授業料(円)	入学料(円)	検定料(円)	授業料(円)	入学料(円)	検定料(円)	授業料(倍)	入学料(倍)	検定料(倍)
昭和50年	36,000	50,000	5,000	182,677	95,584	9,647	5.1	1.9	1.9
昭和51年	96,000	50,000	7,500	221,844	121,888	11,452	2.3	2.4	1.5
昭和52年	96,000	60,000	7,500	248,066	135,205	13,084	2.6	2.3	1.7
昭和53年	144,000	60,000	10,000	286,568	157,019	14,722	2	2.6	1.5
昭和54年	144,000	80,000	13,000	325,198	175,999	16,302	2.3	2.2	1.3
昭和55年	180,000	80,000	15,000	355,156	190,113	17,995	2	2.4	1.2
昭和56年	180,000	100,000	15,000	380,253	201,611	19,293	2	2	1.3
昭和57年	216,000	100,000	17,000	406,261	212,650	20,398	2.1	2.1	1.2
昭和58年	216,000	120,000	17,000	433,200	219,428	21,016	1.9	1.8	1.2
昭和59年	252,000	120,000	19,000	451,722	225,820	21,019	2	1.9	1.2
昭和60年	252,000	120,000	19,000	475,325	235,769	22,854	1.8	2	1.2
昭和61年	252,000	150,000	21,000	497,826	241,275	24,016	1.9	1.6	1.2
昭和62年	300,000	150,000	21,000	517,395	245,263	24,686	1.7	1.6	1.2
昭和63年	300,000	180,000	23,000	539,591	251,124	25,573	1.8	1.4	1.1
平成元年	339,600	185,400	23,000	570,584	256,600	26,608	1.7	1.4	1.2
平成2年	339,600	206,000	25,000	615,486	266,603	28,166	1.8	1.3	1.1
平成3年	375,600	206,000	25,000	641,608	271,151	29,258	1.7	1.3	1.2
平成4年	375,600	230,000	27,000	668,460	271,948	30,228	1.8	1.2	1.1
平成5年	411,600	230,000	27,000	688,046	275,824	31,005	1.7	1.2	1.1
平成6年	411,600	260,000	29,000	708,847	280,892	31,973	1.7	1.1	1.1
平成7年	447,600	260,000	29,000	728,365	282,574	32,645	1.6	1.1	1.1
平成8年	447,600	270,000	31,000	744,733	287,581	33,171	1.7	1.1	1.1
平成9年	469,200	270,000	31,000	757,158	288,471	33,410	1.6	1.1	1.1
平成10年	469,200	275,000	33,000	770,024	290,799	33,648	1.6	1.1	1
平成11年	478,800	275,000	33,000	783,298	290,815	33,727	1.6	1.1	1
平成12年	478,800	277,000	33,000	789,659	290,691	33,773	1.6	1	1
平成13年	496,800	277,000	33,000	799,973	286,528	33,725	1.6	1	1
平成14年	496,800	282,000	33,000	804,367	284,828	33,537	1.6	1	1
平成15年	520,800	282,000	33,000	807,413	283,306	33,106	1.6	1	1
平成16年	520,800	282,000	33,000	817,952	279,794	32,800	1.6	1	1
平成17年（案）	535,800	282,000	33,000						

出所：文部科学省ホームページ（http://www.mext.go.jp/b_menu/shingi/kokuritu/005/gijiroku/06052921/005/002.htm（2017年1月21日アクセス））

る平均的な費用の総額は、最も費用の少ないケース、すなわち公立の幼稚園に入り、小学校から高校まで公立学校に通い、国立大学に進学した場合で約1,000万円かかる。最も費用のかかるケース、すなわち幼稚園から大学まですべて私立に通った場合、約2,300万円にのぼる。

このように、私立よりも国公立の大学に入ったほうが費用は少なくて済む。このため、貧しい家庭の子どもが高等教育を受けようとした場合、自宅から通える国公立大学を志望することが多い。

ところが、図表4-8に示されているとおり、国立大学の授業料や入学料は長期にわたり上昇を続けている。公立大学の授業料や入学料も国立大学のトレンドの影響を受けるため、同様の傾向にあると思われる。

国立大学の授業料の値上げは、あるいは私立大学との公平な競争という観点からは好ましいのかもしれないが、育児の経済的負担を増加させ、特に貧困家庭の子どもの教育の機会を奪うおそれがあることは認識されなければならない。

また、育児の経済的負担が出産をためらう主な理由となっていることは上述したとおりであり、国立大学の授業料の上昇は少子化の一因となっていると考えられる。

さらに、このことは、若者が平均賃金の高い都市部に流出することの背景にもなっている可能性がある。お金がなければ子どもの教育費がまかなえないが、学歴の違いが生涯賃金の違いにつながることを思えば、子どもを大学に通わせたい。子どもを持ちたいと思えば、賃金の高い都市部に移住するしかないという思考パターンに地方の若者を追い込んでいることも懸念される。

もちろん、高い賃金を得るためだけではなく、都会の暮らしに憧れを抱く、あるいは魅力的な職場で働きたい、高い教育レベルの大学で学びたいなどの理由によって、地方から上京する若者も少なくないだろう。そうした理由で地方から都市部に若年人口が流出することは止められない。しかし、地方でも十分に生活をしていけるという安心感を若者が持てるようにして、地方で暮らし続ける、あるいは一度都会に出ても地方に戻るという選択肢も提示できるようにすべきである。

最近になり、若者の都市部への流入を止めようとして、都市部の私立大学が

定員を大幅に超えて学生を入学させることを止め、都市部の大学の定員増を抑制しようという動きがみられる。まち・ひと・しごと創生ビジョンでは都市部への若年人口の集中に歯止めをかけることをうたっている[14]。

しかし、若者の都市部への流入を止めようとするのであれば、地方の大学の魅力を高めることも必要である。そのためには、地方の大学の教育水準を上げることに加えて、地方の国公立大学の授業料を安くすることが望ましい。地方では平均賃金は低いが、家賃が安いなど都市部よりも生活費は安いと思われる。さらに、地方では教育費が安くて済むようにすれば、若者の都市部への過剰な流出の防止にも資すると思われる。

ところで、国立大学の運営費交付金は毎年1％ずつ減額されている。規模が小さい地方の国立大学では、その影響は特に大きく、常勤の教員数が減少する傾向にある。地方の高等教育を充実させるためには、地方国立大学の運営費交付金の減額にもそろそろ歯止めをかけるべきではないだろうか。常勤の教員数が減れば、非常勤で補うといっても限界があり[15]、教育の質は低下する。都市部の大学の定員増を抑制しても、地方国立大学の教育の質が低下すれば、地方で学ぼうという学生は増えにくいと懸念される。また、地方の教育については、経済的に恵まれていない子どもたちの教育の場としても高等専門学校の果たしている役割も大きい。ところが、高等専門学校の教員数を大幅に削減しようとする動きもあると聞く。

松田茂樹（2013）は、いわゆる有名大学は一都二府に集中することから、地方の親は子どもを有名大学に進学させるために、子どもの学費に生活費を上乗せして支払わなければならないことを指摘している[16]。

地方の国立大学や高等専門学校の教育の質が低下すれば、都市部の良い大学に子どもを通わせようとする親は増えるおそれがある。そのことは地方における育児の実質的なコストを上昇させる。さらには、子どもの教育のために都市部に引越しを考えるケースすら生じかねない。

このため、若者の都市部への過剰な流出を止めるためには、地方の教育の充実が必要であると考える。

財政赤字が深刻な中、子どもの数が減少を続けていることから、教育予算は削減の対象となってきたと思われる。しかし、閣議決定された「まち・ひと・

しごと創生長期ビジョン」において希望出生率1.8の実現を目指すことをうたっており、出生動向の回復は政府全体の目標でもある。子どもの数が増えても教育の受け皿がないということではいけないだろう。特に地方の教育については、授業料の減免の拡大など、むしろ積極的に予算を投入すべきなのではないか。小泉元総理は、聖域無き構造改革も説いたが、同時に米百俵の精神も説いていた。今こそ、米百俵の精神に立ち返ることが望まれる。

　本書をいったん書き上げた後の2017年12月8日に閣議決定された「新しい経済政策パッケージ」では、子育てや教育にかかる費用の負担が重いことが少子化問題の一因になっていることを認め、幼児教育や高等教育の負担軽減が打ち出された。少子化対策として育児の経済的負担の軽減を行うべきであると論じてきた筆者としては感慨深いものがある。ただし、3歳児以上の保育料無償化はすべての世帯が対象とされたが、高等教育の無償化は住民税非課税世帯に限られており、低所得者のみが対象とされていることは残念である。ここまで述べてきたように、人口減少に伴い労働力人口の大幅な減少が危惧される日本では、夫婦ともにフルタイムで働くことが望ましい。頑張って夫婦で働いて収入が増えると育児支援策の対象から外れることは避けるべきであり、親の所得に関わらない育児の経済的支援の充実が望まれる。

3） 医療費の負担

　子どもは体力がまだ弱く、大人に比べると医者にかかることは多い。特に就学前の子どもはよく風邪をひき、また簡単に高熱を出す。このため、小児科医が自宅から遠くないところにあることは育児の重要な条件であり、育児の経済的負担の一つとして、医療費の負担も無視できない。

　日本の医療保険制度における患者自己負担の比率は、現役世代は3割負担、高齢者は原則1割負担、未就学児は2割負担となっている。

　未就学児は高齢者より負担は重いが、現役世代よりは負担が軽減されている。

　それでは他の国ではどうなっているのだろうか。

　ドイツは世界最古の医療保険制度を有し、日本の医療保険の制度設計にも影響してきたと考えられる。しかし、患者の自己負担については日本とは大きく

異なる。

　ドイツでは、外来診療は10割給付が原則となっており、基本的に患者の自己負担はない。しかし、医師がレセプトを発行し、患者が薬局で受け取る場合に薬剤の費用は疾病金庫から償還されるが、被保険者は一部の費用を自己負担する。被保険者は薬剤の価格の10%を負担するが、最少負担額は5ユーロ、最大負担額は10ユーロに設定されている。このため、薬剤の価格が5ユーロ未満の場合は、患者は薬剤の価格をすべて自己負担する。

　しかし、薬剤の患者一部負担には例外がある。ドイツ連邦保健省によれば、18歳以下であれば、すべての薬剤自己負担が免除される。それに加えて、12歳以下の子どもと18歳以下の発育障害の青少年については、基本的にすべての償還可能な薬剤について、レセプトの不要な薬剤も含めて、疾病金庫が負担する。ただし、伝統療法等は例外とされている。このような子どもの負担免除措置は、他の多くの分野と同様に法定医療保険の薬剤自己負担においても家庭に対して発している重要なシグナルであるとされる[19]。一方、ドイツでは高齢者に対して年齢を理由とした負担軽減措置はない。

　日本でも、就学前は2割、就学後は3割となる子どもの医療費の自己負担部分について、自治体によって軽減措置が講じられている。しかし、所得制限が付されており、年齢については中学生までのみが対象となるケースが多かった。最近になり、多くの自治体が人口減少に危機感を抱いたことにより、所得制限の撤廃や、対象年齢を高校生にまで広げる動きも各地でみられる。自治体の対策によって、子どもの医療費の自己負担は実際には2割あるいは3割負担よりも軽減されている。このため、国全体でも取り組むべき時期にきているのではないだろうか。

　従来の日本の社会保障制度の給付は高齢者中心に設計されており、若い世代の支援は十分とは言えなかった。このため、社会保障全体について世代間のバランスをとり、エイジレスに支えあう方向に改革すべきことを筆者も述べてきた[20]。社会保障における世代間バランスの問題については、政府も正面から向き合うようになっており、2014年8月にとりまとめられた社会保障改革国民会議の報告書においては、すべての世代に安心感と納得感の得られる全世代型の社会保障に転換することを目指すことがうたわれ、すべての世代が年齢ではな

く、負担能力に応じて負担し、支え合う仕組みが提唱されている。そして、育児世代の支援を重要な課題として位置付けている。子どもの医療費の負担軽減は、自治体が独自財源で取り組むのではなく、国の医療保険制度において対応すべきであると考えられる。そして、自治体は浮いた財源で他の人口減少対策に取り組むことが望まれる。

4) 児童手当

育児に関する代表的な経済的支援策は、児童手当である。

以下の表は、少し古い資料になるが、平成19年版少子化白書から抜粋した児童手当の国際比較である。

図表4-9をみれば明らかなように、児童手当の受給要件として所得制限があるのは日本のみである。欧州諸国において所得制限がないのは、子どもを育てる費用は社会全体で支えあうという考え方に基づいているからである。所得制限があることは、親に経済的な余裕がないから支えるという考え方であり、いわば救貧の発想である。子ども手当に対してばら撒きという批判が強かったように、日本では育児の費用を社会全体で支えようという考えが定着していないのは残念なことである。

また、**図表4-9**に示されているように、支給月額も日本が最も少ない。日本の社会保障は全体としては充実し、年金、医療、高齢者介護については国際的にも高い水準であるが、育児の経済的支援政策についてみると、従来の児童手当は欧州諸国に比べると非常に貧弱な制度であったと言わざるを得ない。このため、所得制限がなく金額も増額された子ども手当の導入は当然の施策であると筆者は考えていたが、残念ながら、すぐに撤回されたのは序章で述べたとおりである。現在では、所得制限を超える場合にも特例給付として月5,000円が給付されているが、恒常的な措置という位置付けではない。

しかし、2017年になり、自民党の小泉進次郎氏を中心とする若手議員から子ども保険を導入し、当面、保険料率0.2％を労使折半で厚生年金保険料に付加して徴収し、国民年金保険料には月160円の負担を求めることによって約3,400億円の財源を確保し、未就学児全員に月5,000円の子ども保険給付金を支給することや保育所の整備に充てるという案が出された。

図表 4-9　児童手当の国際比較

事　項	日　本	フランス	スウェーデン	イギリス	ドイツ
	第1子から	第2子から	第1子から	第1子から	第1子から
支給対象児童	小学校6学年修了前	20歳未満	16歳未満（学生は20歳の春学期まで）	16歳未満（全日制教育を受けている場合は19歳未満）	18歳未満（失業者は21歳未満、学生は27歳未満）
支給月額	・第1子、第2子〈0～2歳〉1.0万円〈3歳以上〉0.5万円・第3子～1.0万円	・第1子　なし・第2子　約1.9万円・第3子～　約2.5万円〈割増給付〉・11～16歳　約0.5万円・16～19歳　約1.0万円	・第1子　約1.9万円・第2子　約2.0万円・第3子　約2.7万円・第4子　約4.2万円・第5子～　約6.0万円	・第1子　約1.9万円・第2子～　約1.3万円	・第1子から第3子　約2.5万円・第4子～　約3.0万円
所得制限	あ　り	な　し	な　し	な　し	原則なし
財　源	公費と事業主拠出金	事業主拠出金と税等	国庫負担	国庫負担	公費負担

資料：厚生労働省「海外情勢白書」等を基に作成。フランスでは、家族手当以外に、第1子から3歳未満までを対象とする「乳幼児迎え入れ手当」がある。
注：各国の為替レートについては、日銀報告省令レート（2007年8月分）により換算。

　育児の経済的支援の財源としては、子ども保険という社会保険方式の他に教育国債と消費税が挙げられ、2017年の総選挙の争点にもなった結果、消費税の一部が財源とされることになった。育児の経済的支援の財源が充実すること自体は一定の評価ができるが、子ども保険が最も望ましいのではないかと筆者は考えている。
　教育国債については、子どもたちが将来大人になってから稼いで税金を払ってもらえればよい、あるいは子どもへの投資とみれば、国債の利回りよりも高いリターンが期待できることから良いという考え方から支持する声もあるが、その財源が将来の世代が払う国債というのは、今でも巨額の債務があるのに関わらず、さらに将来世代に負担させるという点で、問題があると考えられる。

消費税の増税は、今の世代が負担するものであり、また、高齢者も負担するという意味で優れている。しかし、税財源による給付の場合、給付の対象は低所得者に限定されることが多く、受給者にスティグマが生じるおそれがある。また、所得制限を付すことは、頑張って働いて所得が増えたら経済的支援が受けられなくなることになり、共働き家庭の母親の就労意欲を妨げるおそれがある。

　子ども保険には、これから育児をする家庭にしかメリットがないという批判もある。しかし、世代間扶養とも呼ばれる年金のみならず、医療や介護についても現役世代が高齢世代を支えることが基本的な構図である。このため、将来の年金や医療、介護を支えてくれるのは将来の大人すなわち現在の子どもである。老齢年金などの社会保険による給付は私的扶養ではないことから、自分に子どもがいるかどうかは関係ない。年金制度は社会全体として高齢者に仕送りをするようなものといわれることもあるが、言い換えれば、日本全国の子どもたちが将来、日本全国の高齢者たちに仕送りをするのである。誰でも老後に年金や医療の制度を利用するだろう。したがって、他人の育児を支援することは社会保障制度の財政的な安定につながり、育児をしない人にもメリットはあるのである。

　また、子ども保険は高齢者が負担しないことが不公平だという批判もある。確かに現在の社会保障は給付が高齢者に偏重し、負担が現役世代に偏重していることから、この批判は納得できる。その点については、藤本健太郎（2017）においても述べたが、子ども保険を創設すると同時に、一定額以上の年金を受給していて負担能力のある高齢者から、子ども保険と同率の保険料を年金から天引きで負担してもらってはどうだろうか。いわゆる天引きで保険料を負担するのは、何も賃金に限る必要はない。たとえばドイツでは、医療保険の保険料は年金からも現役世代と同じ保険料率に基づいて天引きで負担されている。

　さらに、子ども保険の優れている点はメッセージ性である。育児の経済的負担に不安を持つ若者が多い中、社会全体で育児を支えていくというメッセージを発出することには大きな意義があると思われる。そして、子ども保険を巡る議論を通じて、育児を社会全体で支える必要性への理解が広がれば、育児は親の責任でするものという風潮が弱まり、社会全体が育児を支えるという意識が

強まることが期待される。昔の日本では「子どもは社会の宝」と言われていた。かつての認識を社会全体が取り戻すことが切に望まれる。

5) 遺族年金

　年金制度といえば老齢年金をイメージされることが多いが、一家の生計を支える者が亡くなった場合、遺族の生活を支えるための遺族年金が給付される。遺族には子どもも含まれることから、育児の経済的支援の一つとして位置づけることもできる。

　ところが、遺族年金の給付額は、自営業者等を対象とする国民年金とサラリーマンを対象とする厚生年金とで、大きく異なる。国民年金法に基づく遺族基礎年金は、同法第38条に規定されており、年額78万900円に物価等に応じた改定率を乗じて得た額となる。改定率を1であるとすると、月額では78.09÷12＝6.5075（万円）となる。

　仮に亡くなった人が専業主婦の妻と子どもの生計を支えていたとすると、残された妻子が月額約6万5,000円の遺族基礎年金で暮らしていくことは容易ではない。

　これに対し、遺族厚生年金の年金額は、厚生年金保険法第60条に規定されており、同条第1項第1号に定めるとおり、同法第43条に規定される老齢厚生年金の年金額の四分の三に相当する額となる。ただし、亡くなった者の被保険者期間が300月に満たない場合、300月とみなすことにより、年金額が一定以上になるような措置が講じられている点が重要である。亡くなった人の収入によって年金額は異なるが、全体的に遺族基礎年金よりも高くなる。

　また、山田昌弘（2012）が指摘しているように、遺族年金の受給権者の範囲もまた、国民年金と厚生年金の間で大きく異なる。

　具体的には、国民年金の遺族基礎年金を受けることができる遺族は子どもと配偶者に限定される。子どもについては、国民年金法第37条の2第2項に定める「十八歳に達する日以後の最初の三月三十一日までの間にある子」、分かりやすく言い換えれば高校卒業前の子ども、または未成年の障害のある子どもに限定される。そして支給対象となる配偶者は、同条第1項に「被保険者又は被保険者であつた者の死亡の当時その者によつて生計を維持し、かつ、次号に掲

げる要件に該当する子と生計を同じくする配偶者」と定められている。これは、亡くなった人の収入によって暮らしていて、かつ高校卒業前の子どもがいる配偶者のことである。

　すなわち、子どもが高校を卒業すれば、その母または父の収入が少なくても遺族基礎年金は給付されなくなる。このため、遺族基礎年金を収入の柱としている家庭では、生活費を稼ぐために、子どもは高校を卒業すると働く必要に迫られることになると考えられる。

　これに対し、遺族厚生年金を受けることができる遺族の範囲は広い。厚生年金保険法第59条第1項に定める配偶者には、遺族基礎年金のような高校卒業前の子と生計同一関係にあるといった条件がない。すなわち、亡くなった人の収入によって暮らしていた配偶者は、子どもが高校を卒業しても、引き続き遺族厚生年金を受けることができる。このため、遺族厚生年金を収入の柱としている家庭では、子どもは高校を卒業した後、親の生活を支えるために働く必要性が遺族基礎年金を収入の柱とする家庭よりも低く、大学に進学できる可能性が大きいと考えられる。

　遺族年金において、厚生年金のほうが国民年金よりも手厚いことは、厚生年金が被用者すなわち雇われる立場のサラリーマンを対象としており、国民年金が主として自営業者を対象にしていることに由来すると考えられる。自営業であれば、もし亡くなった場合にも配偶者が後を継いだり、人を雇ったりして事業を続け、収入を得ることが比較的容易であると考えられる。これに対し、サラリーマンが亡くなった場合、使用者が配偶者を代わりに雇用することはなく、遺族が新たな収入を得る手段を見つけることが相対的に難しいと考えられる。

　しかし、問題なのは、近年増加した非正規雇用者の多くに国民年金が適用されていることである。非正規雇用者への被用者年金の適用拡大は国の政策の課題であり、ここでは非正規雇用者は家族の社会保障においても正規雇用者との格差があることを指摘しておきたい。

6) 大学生に対する奨学金

　奨学金には様々な種類があるが、代表的なのは学生支援機構による奨学金で

ある。民間の奨学金には返済の不要な給付タイプのものもあるが、学生支援機構による奨学金は貸付タイプであり、返済の必要がある。学生支援機構の奨学金には無利子の第一種奨学金と有利子の第二種奨学金がある。基準を満たす希望者全員に対して奨学金を貸与することを目的として、1999（平成11）年4月に第二種奨学金制度の大幅な拡充が行われ、奨学金を借りる学生は大幅に増加した。奨学金を借りられることのメリットは確かにあるが、有利子の奨学金を借りる学生が増えたことを積極的に評価して良いのかどうか、疑問は残る。奨学金という言葉からイメージされるのは返済の必要のない給付型奨学金か、あるいは返済の必要があっても無利子のものではないだろうか。有利子の奨学金は、その内容に即して言えば、公営の学生ローンと呼ぶべきものである。

日本学生支援機構（2017）によれば、近年、無利子奨学金の貸与人員を増員し、「有利子から無利子」の流れが加速されており、第一種奨学金の貸与人員が増加する一方で、第二種奨学金の貸与人員は減少している[21]。しかし、なお第二種奨学金の貸与人員のほうが多いのが現状である。文部科学省によれば、2017（平成29）年度の第一種奨学金の貸与人員は52万人であり、第二種奨学金の貸与人員は82万人である[22]。

このように、育児の経済的負担は重く、一方で経済的支援施策は最近になって講じられつつあるものの、なお十分に講じられているとは言えない。そのことが、前節でみた子どもの貧困の問題の背景にもなっていると考えられる。

国においても、上述したように社会保障の世代間のバランスを取るために育児世代の支援を充実するという方向性が示されている。保育料については、消費税の一部を充てて3歳以上の保育費を無償にするという議論も始まっている。また、教育費の負担については、公立高等学校の実質的無料化は実施され、大学については2018年から給付型奨学金が始まる見込みである。

それでは、地域でなすべき対策はどのようなものであるだろうか。

以下、地域における育児の経済的支援策について論じることとしたい。

3 地域における育児の経済的支援

1) 保育料の軽減

保育料については、国が定めた上限の範囲内で市町村が決定する仕組みになっており、市町村ごとに差がつくことが制度上明確化されている。言い換えれば、国の政策ではなく自治体の政策によって実際の保育料が決定する。

国が検討している保育料の無償化は3歳児以上に限られているが、保育料負担が大きいのは1歳児や2歳児である。また、国の保育料無償化は低所得の家庭に限定される可能性もある。

このため、前章で述べたように、市町村において、育児支援策に力を入れることを決めて財源も優先的に配分することによって保育料の負担を低く設定すれば、他の地域との差別化を図ることも可能であると期待される。

2) 教育費の負担軽減

国が大学生を対象とする給付型奨学金を創設するのは大きな一歩である。しかし、国公立（自宅外）の場合に月額3万円、国公立（自宅）の場合に月額2万円という給付水準は十分なのであろうか。上述したように、国立大学の授業料は上昇しており、2005（平成17）年以降は年間53万5800円となっている。一ヶ月あたりの授業料は4万円強であり、3万円を上回っている。すなわち、国の構想する給付型奨学金は国立大学の授業料をまかなうこともできず、まして生活費を自力で稼いでいる学生にとっては、生活費を稼ぐ必要性は変わらない。

このため、国の奨学金に上乗せする形で地域独自の奨学金制度を築くことには大きな意味味があると考えられる。若者の都市部への流出を防ぐために、地元に戻って働いてくれるのであれば返済は必要ないという奨学金制度をつくる動きは、既に始まっている。

また、義務教育の授業料は無料であるが、給食費は自己負担である。負担能力があるにも関わらず給食費を納めない親については、そのモラルの低さが厳しく批判されるべきであるが、上述したように日本では子どもの相対的貧困率は高いことから、本当に給食費の負担が困難な家庭も少なくないと思われる。

このため、所得の低い家庭については配慮が望ましい。たとえば、全国有数の高い出生率を実現し、奇跡の村と呼ばれる長野県下條村では、義務教育の給食費は50％が補助される。[23]

3） 子ども食堂や放課後の教育など市民による育児支援

育児の経済的支援は、国や自治体などの政府しか行えないわけではない。たとえば、子どもの貧困という社会問題に対し、市民が子ども食堂を設置する動きは全国に広まっている。

また、放課後に学習ボランティアが教育支援を行うことは、塾や予備校に通う経済的余裕のない子どもたちにとって、受験競争に勝って、より良い教育を受けることの支援になるが、経済的に余裕のない育児家庭に対する経済的支援として捉えることもできる。

こうした市民による育児の経済的支援は、全国一律に行うことは困難であり、地域でなければできない取り組みである。

また、人口減少地域では上述したとおり、労働力人口の減少に伴って税収が減少すると考えられるため、自治体の力のみでは十分な育児の経済的支援策を講じることは難しい。もちろん自治体においても不断の行政改革によって無駄を排し、急速な人口減少を防ぐための支出に予算をできる限り投入することが求められるが、そうした努力を行ったうえで、さらに地域全体で育児の支援を行うために、市民にも協力を訴えかける必要があるだろう。その際には、前章で公私連携による学童保育を論じる際にも述べたが、市民に上から目線で協力を依頼しても、うまくいくとは思えない。市民とうまく連携するためには、次章で紹介する愛知県高浜市の事例のように、「市民の力を借りる」という意識を市役所のスタッフが共有することが欠かせないだろう。市民の側にも、地域の問題解決を何でも市役所に頼るのではなく、自分たちで取り組む姿勢が望まれるが、まずは自治体の意識が変わることが望まれる。

この点について、2017年の春から夏にかけて、地方自治に詳しい内閣府地方分権推進室参事官（当時）の宍戸邦久氏と筆者が議論する中で、以下のようなイメージ図（**図表 4-10**）を作成した。

宍戸邦久氏と筆者が議論した結果、公私連携を地域で進めるには、従来の行

図表4-10　命令と共感のイメージ図を挿入

命　令	関　係	共　感
上下・主従		対等・強力
一方通行	方　向	双方向
短時間でできるが，長続きしない	効　果	時間はかかるが，長期間持続する
指示・監督	行　動	説得・対話

出所：宍戸邦久・藤本健太郎が作成

政機関にありがちであった命令の行動様式ではなく、共感の行動様式に改めていく必要があると考えるに至った。

公私連携は、地域において有効な人口減少対策を講じるうえで欠くことのできない要素であると思われ、本書の提言の柱の一つである。

［参照条文］
○国民年金法（昭和三十四年四月十六日法律第百四十一号）（抄）
（支給要件）
第37条　遺族基礎年金は、被保険者又は被保険者であつた者が次の各号のいずれかに該当する場合に、その者の配偶者又は子に支給する。ただし、第一号又は第二号に該当する場合にあつては、死亡した者につき、死亡日の前日において、死亡日の属する月の前々月までに被保険者期間があり、かつ、当該被保険者期間に係る保険料納付済期間と保険料免除期間とを合算した期間が当該被保険者期間の三分の二に満たないときは、この限りでない。
一　被保険者が、死亡したとき。
二　被保険者であつた者であつて、日本国内に住所を有し、かつ、六十歳以上六十五歳未満であるものが、死亡したとき。
三　老齢基礎年金の受給権者が、死亡したとき。
四　第二十六条ただし書に該当しないものが、死亡したとき。

（遺族の範囲）
第37条の2　遺族基礎年金を受けることができる配偶者又は子は、被保険者又は被保険者であつた者の配偶者又は子（以下単に「配偶者」又は「子」という。）であつて、被保険者又は被保険者であつた者の死亡の当時その者によつて生計を維持し、かつ、次に掲げる要件に該当したものとする。
　一　配偶者については、被保険者又は被保険者であつた者の死亡の当時その者によつて生計を維持し、かつ、次号に掲げる要件に該当する子と生計を同じくすること。
　二　子については、十八歳に達する日以後の最初の三月三十一日までの間にあるか又は二十歳未満であつて障害等級に該当する障害の状態にあり、かつ、現に婚姻をしていないこと。
2　被保険者又は被保険者であつた者の死亡の当時胎児であつた子が生まれたときは、前項の規定の適用については、将来に向かつて、その子は、被保険者又は被保険者であつた者の死亡の当時その者によつて生計を維持していたものとみなし、配偶者は、その者の死亡の当時その子と生計を同じくしていたものとみなす。
3　第一項の規定の適用上、被保険者又は被保険者であつた者によつて生計を維持していたことの認定に関し必要な事項は、政令で定める。

（年金額）
第38条　遺族基礎年金の額は、七十八万九百円に改定率を乗じて得た額（その額に五十円未満の端数が生じたときは、これを切り捨て、五十円以上百円未満の端数が生じたときは、これを百円に切り上げるものとする。）とする。

○厚生年金保険法（昭和二十九年五月十九日法律第百十五号）（抄）
（受給権者）
第58条　遺族厚生年金は、被保険者又は被保険者であつた者が次の各号のいずれかに該当する場合に、その者の遺族に支給する。ただし、第一号又は第二号に該当する場合にあつては、死亡した者につき、死亡日の前日において、死亡日の属する月の前々月までに国民年金の被保険者期間があり、かつ、当該被保険者期間に係る保険料納付済期間と保険料免除期間とを合算した期間が当該被保険者期間の三分の二に満たないときは、この限りでない。
　一　被保険者（失踪の宣告を受けた被保険者であつた者であつて、行方不明となつた当時被保険者であつたものを含む。）が、死亡したとき。
　二　被保険者であつた者が、被保険者の資格を喪失した後に、被保険者であつた間に初診日がある傷病により当該初診日から起算して五年を経過する日前に死亡したとき。
　三　障害等級の一級又は二級に該当する障害の状態にある障害厚生年金の受給権者が、死亡したとき。

四　老齢厚生年金の受給権者又は第四十二条第二号に該当する者が、死亡したとき。
2　前項の場合において、死亡した被保険者又は被保険者であつた者が同項第一号から第三号までのいずれかに該当し、かつ、同項第四号にも該当するときは、その遺族が遺族厚生年金を請求したときに別段の申出をした場合を除き、同項第一号から第三号までのいずれかのみに該当し、同項第四号には該当しないものとみなす。

（遺族）
第59条　遺族厚生年金を受けることができる遺族は、被保険者又は被保険者であつた者の配偶者、子、父母、孫又は祖父母（以下単に「配偶者」、「子」、「父母」、「孫」又は「祖父母」という。）であつて、被保険者又は被保険者であつた者の死亡の当時（失踪の宣告を受けた被保険者であつた者にあつては、行方不明となつた当時。以下この条において同じ。）その者によつて生計を維持したものとする。ただし、妻以外の者にあつては、次に掲げる要件に該当した場合に限るものとする。
　一　夫、父母又は祖父母については、五十五歳以上であること。
　二　子又は孫については、十八歳に達する日以後の最初の三月三十一日までの間にあるか、又は二十歳未満で障害等級の一級若しくは二級に該当する障害の状態にあり、かつ、現に婚姻をしていないこと。
2　前項の規定にかかわらず、父母は、配偶者又は子が、孫は、配偶者、子又は父母が、祖父母は、配偶者、子、父母又は孫が遺族厚生年金の受給権を取得したときは、それぞれ遺族厚生年金を受けることができる遺族としない。
3　被保険者又は被保険者であつた者の死亡の当時胎児であつた子が出生したときは、第一項の規定の適用については、将来に向つて、その子は、被保険者又は被保険者であつた者の死亡の当時その者によつて生計を維持していた子とみなす。
4　第一項の規定の適用上、被保険者又は被保険者であつた者によつて生計を維持していたことの認定に関し必要な事項は、政令で定める。

[注]
1)　高齢者でも現役世代並みの所得があれば、3割負担となっている。しかし、現役世代に比べて高齢者は資産が多いと考えられるが、資産は考慮されない。
2)　藤本（2012）pp. 25-26
3)　真面目に働いても報われるとは限らない現状を良いと考えているわけではなく、たとえば非正規社員から正規社員への転換、新卒以外は採用の道がほとんどない硬直的な労働市場の変革などが行われるべきである。
4)　内閣府（2015）p. 51
5)　内閣府（2015）p. 53
6)　内閣府（2015）p. 85
7)　内閣府（2015）p. 86

8) 白川（2014）p. 76
9) 土井（2014）p. 109
10) 相対的貧困率とは、国の等価可処分所得の中央値の半分を「相対的貧困ライン」として、全世帯に対する貧困ライン未満で暮らす世帯の割合を「相対的貧困率」、子どもの割合は「子どもの相対的貧困率」と定義したものである。
11) UNICEF Innocenti Research Centre Report Card 10 2012 p. 3.
12) OECD（2015a）p. 287　表B4.1. 一般政府総支出及び国内総生産（GDP）に占める公財政教育支出（2012年）
13) 中澤（2014）p. 9
14) まち・ひと・しごと創生長期ビジョン pp. 8-9
15) たとえば非常勤教員は一般的にゼミを担当しない。卒業研究はゼミに所属して行う大学が多いことから、常勤教員が減少すると、卒業研究の幅が狭まることになる。
16) 松田（2013：180）
17) まち・ひと・しごと創生長期ビジョン p. 11
18) 現役世代並みの所得がある場合は3割負担。なお、資産は考慮されない。
19) BMG, "Arzneimittel：Die wichtigsten Regelungen für Zuzahlung und Erstattung im Überblick"より。（http://www.bmg.bund.de/themen/krankenversicherung/arzneimittelversorgung/zuzahlung.html）（2016年2月1日閲覧）
20) たとえば藤本健太郎（2009）
21) 日本学生支援機構（2017）p. 13
22) 奨学金事業の充実（http://www.mext.go.jp/a_menu/koutou/shougakukin/main.htm）（2017年11月1日閲覧）。
23) 「下條村の概要と主な施策」（新たな少子化対策大綱策定のための検討会（第2回）2014年11月26日開催　資料2）（http://www8.cao.go.jp/shoushi/shoushika/meeting/taikou/k_2/pdf/s2.pdf）（2017年3月10日閲覧）。

第 5 章

人口減少対策としての地域包括ケア

　地域の人口減少は様々な要因が重なった結果であることから、その対策もまた、様々な政策を包括した総合的なものでなければ効果は薄いと考えられる。本章では地域包括ケアを取り上げることにしたい。
　地域包括ケアは高齢者を対象とした施策であり、一見したところ、育児支援と直接の関係はないように思われる。しかし、地域の人口減少対策の重要な要素であると筆者は考えている。その理由の一つは、いわゆるダブルケアに対応するためである。かつては育児を終えた後に親の介護に直面することが一般的であったが、出産年齢の上昇によって、育児と介護の両方を同時にしなければならないケースが増加している。こうしたケースがダブルケアと呼ばれる。ダブルケアは本来的には男女が共に分担すべきであるが、現実には、主として女性が担っている。生産年齢人口の減少に伴う労働力人口の減少を緩和するために女性の就労率を上げることは重要な政策課題となっており、育児と仕事の両立支援の重要性は認識されるようになった。しかし、ダブルケアを余儀なくされる女性にとっては、育児＋介護と仕事の両立支援が必要である。このため、育児に配慮した地域包括ケアが必要とされる。
　もう一つの理由は、親や配偶者の介護と仕事が両立できないために離職する、いわゆる介護離職が増えていることへの対応である。地域包括ケアに象徴される在宅ケア重視の流れは、要介護者本人の希望にも沿い、社会的コストの抑制も期待されることから覆しがたい。しかし、入所ケアとは異なり、家族介護者に負担がかかる。また、育児とは異なり、家族介護者の4割程度は男性である。そして、介護の必要な親や配偶者のいる労働者は、多くが中高年である。人口の減少に伴う労働力人口の不足が懸念される中、熟練労働者である中高年労働者の離職が相次ぐことは防がなければならない事態である。このため、従来の介護保険は要介護高齢者本人のニーズに着目してきたが、人口減少

社会においては、家族介護者の支援を重視すべきであると考える。

介護離職の防止は全国的な課題であるが、労働力人口の減少が特に懸念される人口減少地域では、非常に重要な課題となる。さらに、次章で述べるように、都市部では両立が困難なために能力を発揮しきれない制約社員の地方移住が望ましい。人口減少地域が制約社員の受け皿となるためにも、家族介護者の両立支援に配慮した地域包括ケアは必要である。

1 地域包括ケアの現状

団塊の世代（約800万人）が75歳以上となる2025年は、医療や介護の需要がさらに見込まれることから、厚生労働省は、2025年を目途に、高齢者の尊厳の保持と自立生活の支援の目的のもとで、可能な限り住み慣れた地域で、自分らしい暮らしを人生の最期まで続けることができるよう、地域の包括的な支援・サービス提供体制（地域包括ケアシステム）の構築を推進している。[1]

地域包括ケアシステムを法律上位置づけた2011年の介護保険制度改正の担当局長であった宮島俊彦氏によれば、地域包括ケアシステムは、日常生活圏域[2]におけるサービスの提供体制であり、主要なサービスは、予防、介護、医療、生活支援、住まいの5つからなっている。[3]加齢に伴い要介護状態になり、日常生活を送ることにも困難を抱える高齢者が自宅で暮らすには、介護や医療といった専門的なケアに加えて、見守りなどの生活支援が重要である。また、特別養護老人ホームなどの入所ケアは住まいも兼ねているが、在宅ケアを受ける場合には、要介護高齢者が安心して暮らせる住まいの確保も重要である。

地域包括ケアにおいては、在宅医療と在宅介護を統合することに注目されがちであり、多職種連携の推進などが課題として挙げられることが多い。もちろん、従来の在宅ケアの延長線上において医療と福祉の縦割りを乗り越え、複数のニーズを同時に抱えることの多い要介護者を支援していくことは重要である。

しかし、地域包括ケアの特徴として注目すべきなのは、要介護状態の者が地域で暮らしていくための支援である「生活支援」と「住まい」であると考えられる。こうした支援においては、市民との連携がカギとなる。

第5章　人口減少対策としての地域包括ケア

図表5-1　地域包括ケアシステムの姿

出所：厚生労働省（2013）地域包括ケア研究会報告書

　高齢者の在宅ケアの状況については、大きな変化が生じている。かつては家族介護者の大半は女性であり、介護保険の創設目的の一つは女性の家族介護からの解放であった。しかし、男性介護者が大幅に増加し、総務省（2012）によれば、15歳以上でふだん家族を介護している人は682万9,000人であり、女性が415万人4,000人（60.8％）と多いが、男性も267万人5,000人（39.2％）おり、家族介護者の約4割は男性である。[4)]

　男性介護者が増加した背景の一つは、未婚化の進行である。
　男性の生涯未婚率[5)]は1980年には2.60％に過ぎなかったが、国立社会保障・人口問題研究所（2017）によれば、以下の図表5-2のとおり、急速に上昇しつつある。

　図表5-2に示されているように、男性の生涯未婚率は2000年には12.57％と1割を超え、2010年には20.14％と2割を超え、直近の2015年には23.37％にま

121

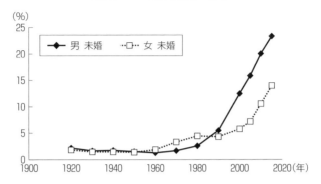

図表 5-2　生涯未婚率の推移

出所：国立社会保障・人口問題研究所（2017）表6-23より。

で上昇し、今では男性ほぼ4人に1人は一生結婚しない社会となっている。女性の生涯未婚率は男性より上昇する時機が遅れたが、2010年には10.61％と1割を超え、直近の2015年には14.06％に達し、やはり急速の上昇しつつある。

　このように未婚化が急速に進行した理由としては、前章までに論じてきた若い世代の経済的不安定さも挙げられるが、社会の変化も背景にあると考えられる。「婚活」の名づけ親である山田昌弘教授は、1980年ごろまでは、就職と同じように「流れに乗っていれば」、ほぼ全員が自動的に結婚に至るシステムがあったが、近年では、結婚したいのにできない人が圧倒的多数であると述べている（山田 2009：60-61）。

　未婚化の進行は、介護の現場を大きく変えつつある。かつての日本では、親の介護は実子のほかに長男の妻が担うことも少なくなかった。しかし、結婚していなければ、子どもが担うほかはない。

　また、男性介護者の増加の背景には、家族の縮小もあると考えられる。少子化に伴って兄弟姉妹の数が減り、一人っ子が増えた結果、かつてのように兄弟姉妹で親の介護を分担することができなくなっている。以前は子どもの中でも娘が主として親の介護を担ってきたと考えられるが、息子が介護を担うケースが増えていると考えられる。さらに、息子が結婚しており、その妻が専業主婦であったとしても、妻に兄弟がいない場合などは、妻は自分の親の介護で手一杯になり、夫の親の介護まで担えないこともあるだろう。

このため、藤本健太郎（2012）において、一人きりで介護を担い、要介護者と家族介護者が地域から孤立してしまう「介護の社会的孤立」が懸念されることを指摘した。[6] 高齢者介護政策は、これまでは要介護高齢者個人のニーズに着目して制度が整備されてきたが、介護の孤立が進む状況を考慮すれば、家族介護者の支援も重視する必要がある。

2　ダブルケアへの対応──高齢者と子どものケアが統合された在宅ケア

第3章では、子どもの人数が減少したために保育所の採算があわなくなった人口減少地域に、保育所の機能を残すために年齢による区分をなくすエイジレスという観点から高齢者と子どものケアが統合された在宅ケアを展開することを提言した。

「エイジレスに統合された在宅ケア」は、ダブルケアを支援する観点からも有用であると考えられる。

結婚年齢・出産年齢の上昇に伴い、かつては育児が一段落してから親の介護をするケースが多かったが、育児と介護を同時に行うダブルケアは近年増加していると考えられる。

内閣府男女共同参画局（2016）では、未就学児が少なくとも一人以上おり、かつ、40歳以上の手助け・見守りを必要とする者が少なくとも一人以上いる世帯を「ダブルケアを行う世帯」と定義している。そして、内閣府男女共同参画局（2016）は、被介護者からみた続柄を特定し、ダブルケアを行う世帯における「主な介護者」を「ダブルケアを行う者」として集計している。それによれば、就業構造基本調査より推計されるダブルケアを行う者の人口は約25万人（うち女性16.8万人、男性8.5万人）と推計されている。[7]

ダブルケアを行う者の平均年齢は男女とも40歳前後であり、育児のみを行う者の平均年齢よりやや高く、介護のみを行う者の平均年齢よりも20歳程度低い。男女の違いをみてみると、ダブルケアを行う男性の約9割は「仕事が主である」有業者である。一方、ダブルケアを行う女性の約半数は無業者であり、約25％は「家事が主である」有業者である。このように、ダブルケアを行う女性は仕事から離れている傾向が際立っている。ダブルケアに直面する前に就業

していた者のうち、ダブルケアに直面したことにより「業務量や労働時間を減らした」者は男性で約2割、女性では約4割となっており、うち離職して無職になった者は男性では2.6%にとどまるのに対し、女性では17.5%にのぼる。このように、ダブルケアに直面することにより、離職したり働き方を変えたりした女性が多いことが分かる。

しかし、ダブルケアを行う無業女性の63.3%は就業を希望しており、環境が整えば働く意欲のある女性は多い。

ダブルケアと仕事を両立させるためには、職場の理解や家族の支援などさまざまな要素が必要となってくるが、育児サービスと介護サービスを一体的に提供するエイジレスに統合されたケアを展開すれば、送迎を同時に済ませることが可能となり、入所手続きなども簡素化することが期待され、有力な両立支援策になると考えられる。

3 家族介護者のニーズに着目したケア

日本において、本格的に社会保障制度が整備されたのは戦後である。まず、引揚者など生活に困る人が多かったことに着目した生活保護法、戦災による身体障害者が多かったことに着目した身体障害者福祉法、そして戦災孤児が多かったことに着目した児童福祉法が整備され、福祉三法体制と呼ばれた。その後、高齢者、知的障害者、母子寡婦を対象にした法律が整備され、福祉六法体制と呼ばれていた。生活保護が世帯に着目しているほかは、いずれも対象者個人のニーズに着目した制度である。そのことは法律の名称が対象者の名称から始まることにも象徴されている。

このように、日本では個人のニーズに着目して社会保障制度は発達してきた。その理由について荻島國男（1992）は、戦前の「家制度」や恩恵的福祉を否定しようという当時の連合国総司令部（GHQ）の強い意向を反映したものであること、その結果、わが国の社会保障制度には、個人主義的な考え方を基本とし、どちらかといえば家族や地域の役割を軽視するスタイルが定着したことを指摘し、このような考え方に基づく制度体系を「個人救済型社会保障制度」（パーソナルケア・パーソナルサポート型）と呼び、個人を家族や家庭から分離し

て給付やサービスの対象としていこうという考え方であると指摘している。[8] そのうえで荻島國男（1992）は、家庭機能やコミュニティ機能の援助、支援、条件整備などの方向で給付やサービスを拡大していこうとする家庭・地域支援型（ファミリーサポート・コミュニティサポート型）の社会保障政策を志向することを提言している。[9]

　従来の社会保障制度は入所ケア中心であり、病気になれば病院に入院し、加齢に伴って要介護状態になれば特別養護老人ホーム等に入所してきた。しかし、デンマークから世界に広まったノーマライゼーションの理念に沿って、ハンディキャップのある人も、社会から隔離された入所ケアよりもなるべく在宅ケアを利用して地域で暮らしていくほうが良いという考え方が広まっていった。高齢者については、住み慣れた地域で年老いていこうというエイジング・イン・プレイスの理念が提唱され、障害者についても脱施設が望ましいという声があがっていった。

　ある程度重度の要介護状態の人でも地域で暮らせるように在宅ケアを充実しようとする地域包括ケアが導入されたことは、時代の要請であったともいえる。

　しかし、入所ケアとは異なり、在宅ケアでは家族に一定の負担がかかる。一方、日本では人間関係が希薄化して社会的孤立が進行し、育児や介護を家族が行う際、私的なサポートを受けることは難しくなっている。

　このため、従来のような個人のニーズに着目した支援も引き続き必要ではあるが、子どもや要介護高齢者のケアを行う家族のニーズにも応える社会保障へと転換していく必要があると考えられる。

　まして、労働力人口の減少を緩和するために育児や介護と仕事の両立支援が重要な課題となっていることから、育児や介護をしながら働く家族のニーズは重視されなければならない。地域包括ケアシステムにおいては、2006（平成18）年の改正において「地域支援事業」が創設され、介護保険制度の枠外で実施されていた家族介護者を支援する内容を含む「介護予防・地域支え合い事業」が、任意事業ではあるものの、介護保険事業に取り込まれた。しかし、東野定律（2014）が指摘するように、2015（平成27）年の改正によって地域支援事業は介護予防給付と統合され、介護予防給付に費用がかさむことから、この任意事

業を実施しない保険者が増加し、家族介護が逆に後退するおそれもある[10]。ただし、地域包括ケアシステムは従来の介護保険制度のように、国が定めた内容を実施するのではなく、地域の実情に応じて設計されることになる。このため、地域の創意によって家族介護者の支援を充実することも可能であると考えられる。この後に述べるように、市民と連携して家族を支援する体制を構築できるかどうかは地域の取り組みにかかっている。

一方、国においても家族介護者の支援を一層充実することは今後の課題であると思われる。

家族支援策の具体例としては、たとえばドイツの介護保険制度が挙げられる。ドイツの介護保険制度では、在宅生活を送る要介護高齢者の家族を支援するために、現金給付だけではなく、介護を行った期間を年金給付計算に反映し、介護中の怪我などが労災保険の対象となるなど社会保障制度全体における配慮がなされており、またレスパイトケアとしての介護休暇の仕組みも設けられている[11]。ドイツのような年金制度における家族介護者への配慮や労災の適用の拡大は、国が取り組むべき対策である。

4　市民と連携した地域包括ケアシステム

地域包括ケアシステムの柱である住まい、介護予防、生活支援については、市民との連携が重要であると述べた。図表5-1においても、生活支援と介護予防については、NPOなど地域のプライベートセクターとの連携が必要なことが示されている。

1)　住まいと生活支援における公私連携の重要性

以下、住まいと生活支援について、公私連携の重要性をみていくことにしたい。

「住まいについて」

地域包括ケアシステムは在宅ケアであることから、入所ケアとは違い、住まいは必然的に重要な要素となる。在宅ケアにおける住まいと言えば、バリアフ

リーなどハード面に注目されがちであるが、ハード面のみならず、見守り支援などのソフト面も重要となる。たとえば、高齢者は賃貸住宅の契約から排除されやすい。白川泰之（2014）は、管理会社が管理する物件では高齢者の入居制限を行っている比率が47％にのぼり、その理由として、死亡事故に伴う様々な問題に対する不安があることを指摘している[12]。貸主のこうした不安を軽減するためには、見守り支援などにより、いわゆる孤独死を減らしていくことが必要である。ところで、見守り支援は、自治体の職員や福祉の専門家が実施することはマンパワーやコストの面から現実的ではなく、地域住民が主体となる必要があり、公私連携が重要である。

「生活支援について」

要介護状態の者が地域で暮らしていくには、医療や介護などの専門的なケアのみならず、買物の支援、住宅のメンテナンスの支援など、日常生活における様々な支援が必要である。地域で在宅ケアを推進するには、そうした生活支援を受けられることが重要である。

かつて、日常的な生活支援は家族や地域社会が自然に担っていたと思われる。しかし、現在の日本では人間関係は希薄化して社会的孤立が進み、地域における支え合いの機能は低下している。藤本健太郎（2012）において指摘したように、高齢層においても近所の人や友人との人間関係が薄れており、在宅ケアを受ける高齢者が周囲から支援を得ることは容易ではない[13]。

日本、アメリカ、ドイツ、スウェーデンの高齢者の生活を意識に関して国際比較調査を行った内閣府（2016）によれば、「病気のときや、一人ではできない日常生活に必要な作業が必要なとき、同居の家族以外に頼れる人がいるか」について、各国の高齢者が「近所の人」と答えた比率は以下のとおりである[14]。

　　ドイツ　　…　42.2％
　　スウェーデン　…　31.2％
　　アメリカ　…　24.6％
　　日　本　　…　18.3％

また、同じ問いに「友人」と答えた比率は以下のとおりである。

　　アメリカ　…　45.0％
　　ドイツ　　…　45.0％

スウェーデン　…　43.4%
　　日　本　　　　…　18.5%

　このように、国際比較調査の結果からは、欧米諸国の高齢者の方が日本の高齢者よりも近所の人や友人に頼れる人がいることが分かる。かつて欧米は個人主義、日本は集団主義といわれていたが、今では日本のほうが個人はバラバラに生活し、困ったときに助け合うことの難しい社会になっている。

　生活支援が弱い場合、要介護高齢者を支える家族の負担はより重くなる。介護離職の問題が大きくなっている背景には、地域で助け合える関係が失われていることがあると考えられる。

　地域の生活支援を強化しようとする場合、自治体が上から号令をかけてもうまくいかないと思われる。実際に生活支援を担う市民がむしろ主体となり、自治体がバックアップするような形で公私連携が行われることが重要であると考えられる。

2）地域包括ケアにおける公私連携の先進事例――愛知県高浜市のまちづくり協議会

　ここまで述べたように、医療や福祉の専門職による在宅ケアの推進のみならず、公私連携の推進が、良い地域包括ケアシステムの構築の鍵となると考えられる。

　それでは、どのようにすれば公私連携を推進することができるだろうか。

　ここで、地域包括ケアにおける公私連携の先進事例である愛知県高浜市の取組みをみることにしたい。

　高浜市では、地域でしか解決できない、あるいは地域で取り組んだ方がより良い方向に進むと思われる課題・事業に関して、地域の責任において自主的・主体的に実施していくために、必要な権限と財源を移譲する「地域内分権」が進められており、5つの「まちづくり協議会」が地域の市民活動のベースとなっている。高浜市の介護予防は住民主体のまちづくり協議会が担っており、公私連携の先行事例と捉えることができる。筆者は2015年7月28日、29日の両日に愛知県高浜市を訪問し、ヒアリングを行った[15]。

　高浜市におけるヒアリングの結果を分析したところ、以下のような点が高浜市における公私連携の推進の鍵となっていると考えられる。

① 「市民の力を借りる」という意識
　高浜市では、ヒアリングにご協力頂いた部長から保健師に至るまで、「市民の力を借りる」という意識が共有されていた。高浜市は人口も減少しておらず、必ずしも厳しい状況に置かれているようには思えないが、近隣の刈谷市や安城市に比べると、箱物においても見劣りをするので、市民に力を借りないといけないという意識があるとのことだった。
　今なお、自治体職員が市民を上から目線でみていることは少なくないと思われるが、そのような姿勢では公私連携はうまく進まない。高浜市では、市職員の「市民の力を借りる」という意識が、公私連携を円滑に進める一因となっていると思われる。

② まちづくり協議会に配置された特派員——市民とのつなぎ役
　まちづくり協議会という仕組み自体は、全国に類似例が多くあるが、高浜市の特徴的な取組みとして、特派員と名づけられた市職員のリエゾンが各協議会に配置されていることが挙げられる。
　高浜市では、まちづくり協議会特派員を以下のように位置付けている[16]。
　「地域住民と行政がまちづくりの対等なパートナーとして、地域課題の解決に向けて協議・検討・実践をし、地域の発展に向けた協働によるまちづくりを推進するため、平成20年4月より特派員として任命された市職員が「橋渡し役」として活動しています。」
　ヒアリング調査では、特派員は、どのような分野であれ、地域の様々な課題を聞いてきて、市役所の担当部局につなぐ役割を果たしており、地域のお祭りなどにも積極的に参加するという説明を受けた。通常業務に加えて特派員の役割を果たすことは職員の負担になる部分もあると思われるが、市の仕事に関して何でも地域の要望を聞くことから、自然と市の仕事全般に詳しくなり、良い勉強になるとのことであった。また、特派員の仕事はきついが、市のほとんどの幹部は特派員を経験しているとのことであり、人事考課において評価されていることがポイントであると思われた。
　市役所の将来の幹部職員が、地域に溶け込み、地域の課題を住民と一緒に考える経験をしていることは、公私連携の推進に大きく寄与していると考えられ

る。

③　厄年の会——ソーシャルキャピタルの存在

　高浜市と周辺の地域では「厄年の会」という慣習があり、厄年を迎えた男性が、正月に一緒に神社での振る舞いをするとのことであった。厄年の会は新聞のチラシで参加が呼びかけられ、38歳くらいから集まって積立をするために、同年代の男性が集まる機会になっているとのことであった。さらに、42歳の夏には女性にも声をかけて「同年会」になるとのことであり、地域における人間関係の基盤として機能しており、まちづくり協議会が活発に活動できる背景にもなっていると考えられる。「厄年の会」や「同年会」は、高浜市のソーシャルキャピタルであると評価できる。

　また、まちの外から入ってきた人も参加できるのかと質問したところ、厄年の会は新聞広告の形で会員が募集されるのが通例であり、地元出身者ではなくても参加できるとのことであった。一般論として地元の密な人間関係には外部から入りにくいが、高浜市周辺地域の厄年の会は地元出身者に限定されないというのは非常に良い特徴であると思われる。

④　キーパーソンの存在——自治体職員のJCへの参加

　高浜市の介護予防イベントのために地元のスーパー銭湯が比較的空いているときに割安で貸してもらい、カラオケは無料で貸してもらうなど地元の支援をとりつけていることが印象的であった。このため、どのようにして地元の経済界と連携しているのかと聞いたところ、介護予防の企画立案を行うスタッフは以前に青年会議所（JC）の活動に参加していたとのことであった。JCはオーナー企業の子弟が多い印象なので、市役所の職員がメンバーになっていたことに驚いたが、高浜市ではJCから市役所に誰か人を出してほしいと依頼があったとのことであった。苦労も多かったようであるが、自治体と地元の経済界との連携を強化するという点では、自治体職員がJCに参加することによる効果は大きいと思われる。公私連携を推進するためには、人事交流は有力な選択肢である。

5　介護の社会的孤立──高齢者と家族介護者を支える必要性

　地域包括ケアを構築するにあたり、考慮しなければならない社会現象として介護の社会的孤立がある。上述のとおり、結婚しない男性が増加している。そのことは、高齢者と未婚の息子が同居する世帯の増加にもつながっている。

　同居している親がいつまでも元気でいてくれれば良いが、加齢に伴い要介護状態になることは多いと考えられる。そうなると、同居している未婚の子は家族介護者となる。男性のほうが生涯未婚率は高いことを考えれば、老親を介護する未婚の息子が増えていると思われる。

　若い世代の男性では料理などの家事スキルは向上しているかもしれないが、中高年の男性では一般的に家事スキルは女性に比べると相対的に低いと考えられる。家事スキルの低い男性が仕事をしながら親の介護を行い、家事もこなすことは容易なことではないと考えられる。介護休業の制度はあるが、本人が継続的に介護を担うためのものとして設計されていないため、休業期間は約3ヶ月間しかなく、そもそも取得率も低い。男性介護者が介護と仕事の両立が困難になり、仕事を辞めざるをえないケースがあることを藤本健太郎（2012）において指摘した[17]。

　介護離職は要介護高齢者の年金に家計が依存することにつながり、いずれ当該高齢者が亡くなったあとの家族介護者の経済状況に懸念が生じる。藤本真理（2014）が指摘するように、いったん中高年が介護離職をすると、離職期間が長いこともあり、再就職することは容易ではない[18]。

　さらに、仕事を辞めて介護に専念することに伴い、職場の人間関係も失うことになりがちである。仕事中心の生活を送ってきた男性の場合、困ったときに助けてもらえるような地域の人間関係や友人関係を保持していないケースも少なくないと思われ、離職が社会的孤立につながるおそれがある。

　そして、誰にも助けてもらえない介護に疲れ果て、追い詰められた最悪の結果として高齢者の虐待につながることが懸念される。

　高齢者の虐待に関する2014（平成26）年度の厚生労働省の調査結果によれば[19]、高齢者虐待が起きた世帯構成で最も多いのは「未婚の子と同一世帯」（32.4％）

図表 5 - 3　被虐待高齢者からみた虐待者の続柄

- 娘の配偶者(婿), 1.8%
- 兄弟姉妹, 1.9%
- 孫, 4.2%
- 妻, 5.1%
- 息子の配偶者(嫁), 5.2%
- 娘, 17.1%
- 夫, 19.6%
- 息子, 40.3%
- その他, 4.7%

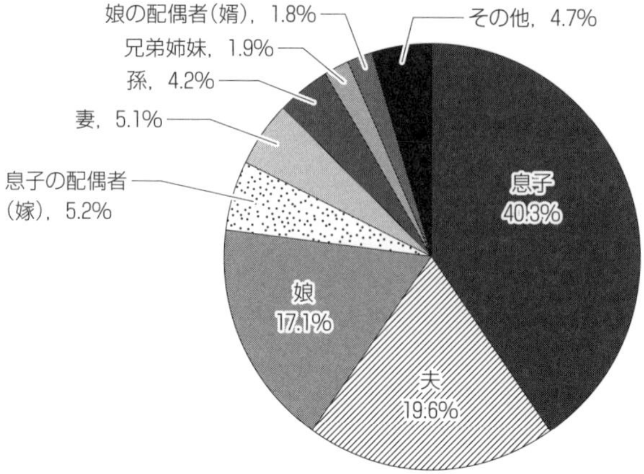

出所：厚生労働省「平成26年度　高齢者虐待対応状況調査結果概要」p. 14

である。そして、被虐待高齢者からみた虐待者の続柄で最も多いのは下図のとおり、「息子」(40.3%) である。次に多い「夫」(19.6%) や「娘」(17.1%) と比べても息子の占める比率は突出している。

　第2章で述べた育児の社会的孤立と同様に、介護の社会的孤立も、人間関係がより希薄で周囲の助けを得られにくい都市部のほうが地方よりも深刻であると考えられる。そして、育児と同様に介護を行う世帯についても、地元に残るあるいは都市部からUターンするのでなく、都市部から地方にIターンする場合には、地域に溶け込んで介護の協力者を見つけることは必ずしも容易ではない。人口減少を緩和するために介護家庭も受け入れようと考えるのであれば、地方における助け合いの人間関係はともすれば排他的であり、他所者が入り込みにくいことに留意して、他所者を受け入れるという意識を地元住民が共有することが必要である。

6　静岡県の市民中心の居場所づくり

　要介護高齢者と家族介護者の社会的孤立は深刻な課題である。地域包括ケアにおいて高齢者の総合相談窓口となるのは地域包括支援センターであるが、基

本となる職員数が3名と少なく、介護予防も担っている地域包括支援センターだけでは社会的孤立の防止は難しい。地域包括ケアの仕組みでいえば、市民が中心となる生活支援の充実が望まれる。

　また、必ずしも地域包括ケアの枠組みの中でなくとも、介護の社会的孤立を防ぐ活動は市民中心で展開されている。

　ここでは、地域の高齢者や家族介護者の社会的孤立を防ぐ取り組みである「居場所づくり」に関する静岡県内の事例を取り上げたい。静岡県内では、社会的孤立を防ぐための市民中心の居場所づくり活動が広まっている。誰でも利用できる居場所を志向しているところも多く、育児中の母親や子どもを対象としているところもあるが、主たる利用者は高齢者というところが多いため、ここで取り上げることにしたい。

　静岡県内での居場所づくりの歴史は後述するように決して古くはない。しかし、2015年7月には、静岡県内で居場所づくりに取り組む11名の市民が「居場所アドバイザー連絡会」が発足し、居場所開設希望者への相談支援、アドバイザーによる出前講座などを実施している。2015年12月の居場所アドバイザー連絡会の研修会に筆者も参加したが、静岡でどのくらいの居場所ができたのかが話題となった。正式な統計がとられているわけではないが、静岡県庁地域福祉課が把握している居場所は100ヵ所を越えているとのことであった。

　それでは、静岡県で居場所づくりが広まった経緯はどのようなものだろうか。

　静岡県における居場所づくりは、もともと市民が自発的意思で始めた活動が出発点である。その活動について静岡県社会福祉協議会と静岡県庁が調査を行い、常設型「居場所」と名づけた。

　2011（平成23）年度の常設型「居場所」の調査は、静岡県庁の委託を受けて、静岡県立大学が行った[20]。当時は、さわやか福祉財団が「ふれあいの居場所」づくりを推進しており、静岡県社会福祉協議会による先行調査はあったが、そもそも何が居場所なのかという明確な定義はなかったことから、調査対象の定義から議論が始まった。藤本健太郎（2012）において述べたように、たとえば何らかの講座に通うことが生きがいとなり、居場所になることもあるだろうし、極端な例ではラジオの深夜番組が居場所になる場合もあるかもしれないという

意見も出されたが、議論の結果、常時オープンしている「誰でもいつでも行くことができる居場所」をつくることが、社会的孤立を防ぐ効果が高いのではないかという結論に達し、以下のような定義を行った。

静岡県における常設型「居場所」づくりの条件

常設型「居場所」づくりの条件
・物理的な場所があること（講習会やセミナーなどとは違い、場所が固定されていること）
・常設であること（少なくとも週に3日程度、昼から夕方くらいまで開いていること）
・誰でも気軽に利用できること（登録や予約は不要であり、誰でも立ち寄れること）
・好きなときに自由に利用できること（固定的なプログラムなどはなく、開いている時間内であれば利用者の都合のつくときにいつでも利用できること）

そして、調査の結果、居場所づくりは社会的孤立を防ぐ対策として効果があると考えられた。[21]

その後、啓発のためのシンポジウムや養成研修が行われ、さらに実践者による交流会などが実施されている。

なお、2013（平成25）年度からは、最初から常設にすることは取組みのハードルを上げることになることを懸念し、まずできることから取り組めば良いという考え方から、不定期でも良いので居場所づくりを始めようという呼びかけが行われている。

静岡県内の居場所づくりの特徴は、市民が中心であることにある。静岡県庁と静岡県社会福祉協議会はシンポジウムの実施など啓蒙活動は行っているが、居場所を開設して運営するのは市民である。そして、居場所を始めるイニシャルコストについては補助が行われる場合もあるが、ランニングコストの補助は行われていない。

しかし、運営費の補助が行われていない代わりに居場所の活動は自由である。高齢者中心の取組みが多いが、育児中の母親が中心の取組みもある。活動内容も、ランチの提供を行うところが多いが、その対象者は近隣の住民中心のところもあれば、駅前に居を構えて通行人に利用を呼びかけるところもあり、

伊豆半島の松崎町の「蔵ら」のように観光客も対象にしているところもある。

補助金なしで活動を持続させるために収入源を確保しなければならない難しさはあるが、活動の自由さは静岡県内で居場所が広まった一因であると考えられる。

上述した高浜市の事例でも、市民に「やらされ感」が出てはいけないということはヒアリング中に繰り返し聞かれた。

また、海外にも、ボランティアが自由に活動を展開している事例はある。ドイツはボランティア大国であり、日本の特別養護老人ホームにあたる Alten Pflege Heim において町に出かけるイベントなどはボランティアが企画していることが多い。筆者は2009年にドイツ連邦家庭省において世代間の交流を図るモデル事業である「多世代の家（Mehr Generation Häuser）」についてヒアリングを行ったが、多世代の家の活動の主体もボランティアであり、その活動内容は自由度が高かった。[22]

これらのことから、公私連携をうまく進めるには、市民を活動の主役と位置づけ、自由度の高い活動ができることが重要ではないかと思われる。

上述したように、地域包括ケアの柱である住まいや生活支援では公私連携は重要であると考えられるが、高浜市のまちづくり協議会のように、地域に強力なプラットフォームを築くことができれば、複数の課題に対応できると期待される。あるいは、静岡県における居場所づくり推進のように、まずシンポジウム等の啓発を行い、関心を持ってくれた市民に養成研修を行い、実践を始めた人に対しては交流会を開催するというように、自治体や社会福祉協議会が切れ目なく支援を行うことも有効ではないかと考えられる。

[注]
1) 厚生労働省ホームページ（http://www.mhlw.go.jp/stf/seisakunitsuite/bunya/hukushi_kaigo/kaigo_koureisha/chiiki-houkatsu/（2017年8月1日閲覧））
2) 中学校区を基本として、市町村介護保険事業計画において市町村が定める圏域。
3) 宮島（2013）p. 15
4) 総務省（2012）p. 35
5) 生涯未婚率は45〜59歳の未婚率と50〜54歳の未婚率の平均値を指している。
6) 藤本健太郎（2012）pp. 46-48
7) 内閣府男女共同参画局（2016）p. 6

8) 荻島ほか編著（1992）p. 28
9) 同上 p. 34
10) 東野（2014）pp. 47-48
11) ドイツの介護保険制度の詳細については、藤本健太郎（2008）を参照されたい。
12) 白川（2014）pp. 68-69
13) 藤本健太郎（2012）pp. 22-25
14) 内閣府（2016）pp. 42
15) このヒアリング調査は平成27年度の日本医療研究開発機構の長寿科学開発事業による補助事業「地域包括ケアシステム構築に向けた地域マネジメント力の強化手法ならびに地域リーダー養成プログラムの開発に関する研究」の一環であり、小野太一国立社会保障・人口問題研究所企画部長（当時）、山本克也国立社会保障・人口問題研究所社会保障基礎理論研究部第4室長（当時）、沼尾波子日本大学経済学部教授（当時）と共に行った。
16) 出所は高浜市ホームページ（http://www.city.takahama.lg.jp/grpbetu/seisaku/shigoto/machi-kyo/（2017年3月1日閲覧））
17) 藤本健太郎（2012）p. 47
18) 藤本真理（2014）p. 128
19) 平成26年度高齢者虐待の防止、高齢者の養護者に対する支援等に関する法律に基づく対応状況等に関する調査結果。
20) 静岡県立大学の東野定律講師（当時）、藤澤由和准教授（当時）及び筆者が調査・分析を行った。
21) 詳細については静岡県（2011）を参照されたい。
22) 多世代の家の詳細については、藤本健太郎（2012）第5章を参照されたい。

第 **6** 章

制約社員の働きやすい地域づくり
――縦割りを越えた包括的な両立支援――

　人口の減少に伴い、労働力人口も減少する。
　日本では少子化に伴って人口が減少しつつあることから、高齢人口もいずれは減少するが、それ以上に子どもや現役世代の人口が減少する。序章で述べたように、2014年の将来人口推計では生産年齢人口の大幅な減少が予測されており、労働力人口も大幅に減少することが懸念される。
　特に人口減少地域では労働力人口の急速な減少が懸念される。労働力人口の減少は自治体の税収減や保険料収入の減少につながり、さらに地域の経済発展にマイナスとなり、人口減少地域の体力をさらに奪っていく。
　地域の人口減少対策を考えるうえでは、出生動向を回復するための少子化対策のみならず、労働力人口の減少を緩和することも対策の柱とすべきであると考えられる。このことは、本書のテーマが少子化対策ではなく人口減少対策である理由の一つでもある。
　このため、本章では、どのように労働力人口の急速な減少を防ぐのかについて論じることにしたい。しかし、少子化対策を充実したとしても出生動向の回復には時間がかかるものであり、出生数が増えても生産年齢人口に達するのは16年後である。中卒で働く人が非常に少ないことを考えれば、実際に労働力人口にプラスの影響が生じるのは18年あるいは22年後であり、それまで従来のペースで都市部に若年人口が流出し続け、労働力人口が減少し続ければ地域はもたないおそれがある。
　このため、若い世代の人口減少地域への移住の促進を図るべきだと筆者は考えている。人口減少地域は地方に多く、また地方から都市部への人口流出が続いていることを止める必要があることから、言い換えれば、都市部から地方への若い世代の移住促進ということになる。第3章で指摘したように、人口減少地域では待機児童問題がなく、また育児の孤立も防ぎやすく、育児と仕事の両

立がしやすいというメリットがある。

　地方に若年人口を移動させようとすることには、良い待遇の職を確保することが先決であるなどの批判の声も聞かれるが[1]、地方の人口減少地域の衰退を防ぐには、都市部への人口の流出を防ぐだけではなく、地方への人口の移動を促すことが望ましい。

1　制約社員の人口減少地域への移住促進

　本章では若者の地方移住を論じるが、都市部では医療サービス、介護サービスが不足することから高齢者の地方移住を促そうという意見もある。しかし、それは地方の高齢化率を一層高めることになり、介護保険や国民医療保険の給付費が増大し、地方の現役世代の負担を一層増すおそれがある[2]。上述したように人口減少地域では労働力人口の不足が深刻化すると思われることから、都市部から地方へ移動を促すのは生産年齢人口であることが望ましい。

　ただし、闇雲に若者を地方に呼び込もうとしても上手くいかないであろう。どのような人に地方に移ってもらい、どのような働き方をしてもらうか、あるいはどのような職を用意できるかということを考えたうえで移住を促進すべきであると思われる。

　そこで、本章では育児や介護、あるいは慢性患者のケアと仕事を両立する必要があり、100％仕事に打ち込むことのできない働き方に制約のある労働者に着目する。要介護高齢者の増大と在宅ケアの推進によって家族介護者は増加し、育児をしながら働く女性も増加しており、制約社員は増加していると思われる。こうした労働者は、待機児童が多く、高齢者ケアも不足しがちな、人口の減少しない都市部では働きにくい状況にある。育児や介護のために都市部では働けないあるいは十分に能力を発揮できない人が地方に移住して、能力を発揮して働けるようになれば、日本全体でみて生産年齢人口の労働力率を高め、労働生産性を高めることにもなる。

　このため、本章では、制約社員が働きやすいような地域づくりを提言したい。

2　増加する制約社員

まず、制約社員が増加している状況を確認しておきたい。

学習院大学の今野浩一郎教授は、働く場所、時間、仕事について制約がなく、会社の指示や業務上の都合に合わせて場所、時間、仕事を変えることのできる社員を「無制約社員」と呼び、勤務場所、時間、仕事内容について何らかの制約をもつ社員を「制約社員」と名づけた。[3]

戦後の日本の職場は、総合職の男性社員を中心とする無制約社員を前提にしてきたように思われる。竹信三恵子（2011）は、男性は定年まで働き、結婚した女性は専業主婦となって家庭を守る、働くとしても家計補助的なパート労働にとどまり、家事や家族のケアを一手に引き受けているために、夫は残業も転勤も可能であるという「妻付き男性モデル」が企業の人事管理の前提となっていたと指摘している。[4]

しかし、共働きの増加と非婚化の急速な進行により、専業主婦が配偶者にいる男性は急速に減少している。非婚化は、上述したように、1980年には男性の生涯未婚率は2.6％にすぎなかったが、2010年には20％を超えており、急速に進行している。

また、社会保障政策において、前章で論じた地域包括ケアに象徴されるように、医療サービスにおいても高齢福祉サービスにおいても、従来の入所ケア中心の施策から在宅ケア中心の施策へと大きく方針が転換されたことに伴い、要介護高齢者や慢性疾患を持つ家族のケアをしながら働く人も増加しつつあると考えられる。

総務省が2012（平成24）年9月26日にプレスリリースした「平成23年社会生活基本調査——生活時間に関する結果　要約」（以下、総務省（2012）と呼ぶ。）によれば、15歳以上でふだん家族を介護する人は682万9千人であり、そのうち男性が267万5千人、女性が415万4千人となっている。[5][6]時系列でみると、下の表のとおり、介護者数は増大を続けている。なお、ここでいう介護には看護も含まれている。

日本では、今後も当分の間、高齢化に伴い要介護高齢者は増加すると見込ま

図表6-1　男女別介護者数の推移
　　　　―15歳以上

(千人)

	男	女
平成3年	1123	2442
平成8年	1353	2349
平成13年	1721	2982
平成18年	2008	3329
平成23年	2675	4154

出所：総務省（2012）p.36

れる。[7] さらに介護も医療も在宅ケア中心となることから、家族の介護、看護を行う者はさらに増加すると見込まれる。

また、女性の就労率を上昇させることが政権の目標となっており、そのことは生産年齢人口が減少する中で労働力人口の減少を緩和するためには必要な対策でもある。

しかし、女性の就労率が上昇すれば、待機児童の増加の背景にもなる。政府は待機児童対策を講じていないわけではなく、保育定員は拡充し続けている。それでも待機児童が増加しているのは、育児をしながら働く女性が増えていることが背景にあり、そのことは第2章で述べたように、M字カーブの底が浅くなってきたことからもうかがえる。

また、厚生労働省（2016a）によれば、保育所等を利用する児童の数は前年比8万5千人増加し、246万人に達している。保育所等を利用する児童の家庭には親が病気である場合もあるが、大多数は親が働いている家庭である。

このように、様々な要因に基づき、制約社員は増加しつつあると考えられる。

3　都市部よりも地方が優れている点――育児、介護と仕事の両立

制約社員が仕事を続けるための条件はさまざまであると考えられる。

まず、育児と仕事の両立については、保育所を利用するか、同居あるいは近居する親などの親族がケアを行ってくれることが必要となる。子どもが待機児童になるということは、その条件が満たされていないことを意味する。

待機児童は全国的には増加しているが、その大部分は首都圏をはじめ都市部の問題である。厚生労働省（2016a）によれば、地方では北陸地方や鳥取県、宮崎県、高知県など待機児童のいない県もあり、さらに市町村レベルでみると、待機児童がいない市町村は約8割に達する。したがって、保育ケアの充足とい

う点では、都市部よりも地方のほうが良い環境にあるといえる。ただし、子どもの減少が続いた地域では保育所が維持できなくなってしまう。待機児童はいないが、そもそも保育所がないのでは、育児と仕事の両立は厳しい。このため、第3章で述べたように、高齢者ケアとの統合を図ることなどにより、保育所の機能を地域に残すことは前提となる。

次に、介護と仕事の両立については、要介護度にもよるが、ある程度重度の状態となれば、医療や介護サービスの利用が必要となる。しかし、首都圏では保育サービスの不足だけではなく、医療や介護のサービスも深刻に不足することが見込まれている。

日本創生会議は、2015年6月4日に「東京圏高齢化危機回避戦略──一都三県連携し、高齢化問題に対応せよ」(以下、日本創生会議(2015)と呼ぶ。)を提言している。その中で、日本全体では75歳以上の後期高齢者は2015年の1,646万人から、団塊世代が後期高齢者に達する2025年には2,179万人へと533万人増加するが、このうち東京圏(埼玉県、千葉県、東京都、神奈川県の一都三県)は2015年の397万人から572万人へと175万人増加することが見込まれ、全国の約3分の1を占めることを指摘している。[8]そして、後期高齢者は入院需要や介護需要が高いことを踏まえ、東京圏では入院需要が10年間で20％増加し、介護需要は埼玉・千葉・神奈川県では50％増加する見通しであることを述べ、[9]東京圏では医療も介護も不足することを警告している。一方、医療、介護ともに受け入れ能力のある地方は別府市など41圏域あることを指摘し、[10]高齢者の地方移住を提言している。

高齢者だけを地方に移住させることは、上述したとおり、地方の活性化につながるとは思えないことから筆者は反対であるが、日本創生会議(2015)は東京圏では医療も介護も不足することに警鐘を鳴らした点は評価されるべきであると考える。日本創生会議(2015)は入所ケアに着目して東京圏の医療・介護の不足を予測しているため、在宅ケアの大幅な拡充が必要となる。しかし、前章で述べたように、日常生活を送ることに支障のある要介護高齢者が地域で暮らすことを支える地域包括ケアシステムが機能するためには、地域住民による生活支援が重要となる。ところが、一般的に都市部では人間関係が希薄であり、住民が支え合うシステムを構築することは容易ではないと考えられる。内

閣府（2009a）によれば、都市規模別の回答状況をみると、「困ったときに近隣同士で助けあっている」と回答した高齢者は町村では45.1％、小都市では42.5％と４割を超えているが、小都市では33.8％と少なくなっており、大都市ではさらに減少して26.1％となっている。

　介護や看護を必要とする家族をケアしながら働く人にとって、首都圏は医療も介護も不足することが懸念され、仕事との両立は難しいと考えられる。一方、地方では医療や介護のサービスが都市部よりも相対的に不足しておらず、また地域住民の間に助け合う人間関係が都市部よりは維持されていることから、相対的に両立は容易であると考えられる。[11]

　また、制約社員が育児や介護・看護と仕事を両立するための条件は、保育や医療・介護のケアのほかにもあると考えられる。その一つは、通勤時間が短いことである。首都圏では、通勤に１時間や２時間かける人も珍しくない。しかし、長い通勤時間は、保育所への子どもの送迎を難しくする。保育所が子どもを預かる時間は決まっており、たとえば早朝から預かることは難しい。具体的な例を挙げると、仮に通勤に２時間かかり、自宅の近くの保育所に子どもを預けるとすると、勤務時間の２時間前に子どもを預けたいところである。しかし、８時から勤務だとすると、午前６時に保育所に子どもを預けなければならないが、一般的に保育所は午前６時には開所していない。逆に、仕事が終わる定時が午後５時であるとすると、仮に残業がまったくなかったとしても、保育所に子どもを迎えにいけるのは午後７時となる。近年では延長保育を行う保育所も増えたが、多くの場合、延長時間は１時間である。９時から午後５時まで子どもを預かることが基本の保育所の場合、１時間延長保育をしても子どもを預かることができるのは午後６時までとなる。このため、定時に仕事が終わっても午後７時まで迎えに行けないようでは、育児と仕事の両立は厳しい。また、午後７時まで子どもを預かってくれる保育所に入所できたとしても、いつも定時に仕事を終えることは、特に正社員の場合は厳しい。結論として、通勤時間が長ければ、正社員のままで育児と仕事を両立することはできないことになる。介護と仕事の両立についても、昼間はデイサービスに通うとした場合、送迎までしてくれる事業者は多いが、自宅から送り出し、自宅で迎える必要はある。特に認知症の高齢者の場合、家族がいない状態で自宅に一人でいるとな

れば、出掛けてしまってトラブルに巻き込まれるおそれがあり、行方不明になるケースすらある。デイサービスの利用時間は、長くても9時間までである。やはり通勤時間が長ければ、介護と仕事との両立は困難であると考えられる。

　このように通勤時間は育児や介護と仕事の両立支援のために重要な要素である。地方では1時間もかけて通勤する人は稀である。通勤時間が短いことも、両立を可能にするために地方が都市部よりも優れている点の一つである。

　また、保育や介護・看護のケアは公的なサービスがすべてではない。地域包括ケアの柱の一つである生活支援は、介護保険法上に位置付けられてはいるが、買い物支援、住宅のメンテナンスなど生活上の細かな課題に対応したり、高齢者の見守りを行うものであり、地域住民主体で行うことが想定されている。介護福祉士などの社会福祉の専門職ではなく素人である市民が実施主体という点では、私的な支援という性格も有している。また、高齢者の社会的孤立を防ぐための居場所づくりや認知症高齢者の見守りなどは、地域包括ケアの枠外で市民が行っていることも多い。保育についても、公的な保育サービスのメニューの一つに一時保育もあるが、事前の申請が必要であり、保育所に対応する余力がなければならない。これに対し、親の通院などのちょっとした外出時に信頼できる近所の人が短時間子どもを見てくれる体制があれば、柔軟な対応が可能であり、親にとっては大きな助けとなるだろう。もちろん都市部でも介護や保育の私的な支援は行われているが、全体としては、上述したように人間関係の希薄化している都市部よりは地方のほうが、地域で支え合う体制はつくりやすいと考えられる。

　ここまで述べたように、育児や介護、看護のために仕事に制約のある制約社員にとって、首都圏などの都市部よりも地方の方が、仕事と両立しやすい環境にあると考えられる。

　このため、制約社員の地方移住にはメリットがある。若者の地方移住は政府も促進しようとしているが、ただ広く移住を呼びかけるよりも、都市部では働きにくい制約社員に重点化して移住促進策を講じたほうが効果は高いのではないだろうか。

　もちろん、都市部に住み続けたい制約社員のための両立支援策の充実は重要であり、また、制約社員が地方に移住するにあたっては様々なハードルがあ

る。地方の人間関係が都市部よりも密であるといっても、移住してきたよそ者が助け合いの輪に加われるとは限らない。一方、地元の慣習を転入者にも強要すれば、逆に移住を妨げることになりかねない。若い世代の移住が進まない理由として、保守的な地域では近所づきあいが大変というイメージがあり、そのことが移住を怯ませることにつながっていると聞くこともある。都市部から育児世帯の移住を促進するためには、自治体のみならず、地域の市民が問題意識を共有して、よそ者を積極的に受けいれて支援し、負担をかけないようにする意識転換が必要である。

　また、地方に移住しようとする場合、転職を避けようとすれば、会社が本人からの申し出に基づいて地方の支店への転勤を認めてくれる必要がある。ところが、企業の人事においては、むしろ家庭の状況を考慮しない転勤を命じ、そのために労使間にトラブルが生じて裁判になっても、判例においては企業の人事が認められるケースも多い。藤本真理（2014）は、共働き夫婦が東京と名古屋で別居を余儀なくされる転勤命令について、新幹線で2時間程度の距離であり、子どもの養育監護の必要に応じた監護が不可能ないし著しく困難であるとはいえないとして通常甘受すべき範囲とされたケースや、目黒から八王子への転勤を命じられ、それに従えば保育園の送迎に支障をきたすという場合にも、通勤時間がそれほど長くなく、転勤先にも住居・保育園が存在することを理由に、やはり通常甘受すべき範囲を超えないとされたケース[12]を挙げて、労働契約法に生活と仕事の調和を要請する文言が加えられて以降、徐々に傾向は変わりつつあるが、家族の状況を考慮しない転勤命令が肯定されてきたことを指摘している[13]。[14]

　中長期的には、企業の人事において育児や介護、看護との両立に配慮することが普通の社会に変わっていく必要がある。しかし、現状において地方に移住しようとするならば、転職をしなければならない。ところが、日本の労働市場はいまだに新卒一括採用を基本とする硬直的な市場であり、中途採用によって良いジョブを得ることは一般に容易ではない。このため、労働市場の流動化が望まれる。

4　労働市場の流動化

　育児環境の整備などによって育児世代の人口減少地域への移住を促進しようとする場合、最大のハードルは雇用であるだろう。都市部で就職をした若い世代が育児をする間、地方の人口減少地域に住もうとした場合、地方で良い仕事があるかどうかという不安に加えて、いったん都市部を離れると戻ってこられないのではないかという不安も大きいと思われる。
　こうした不安を鎮め、安心して育児世代の地方移住を進めるためには、転職をスムーズに行えるような労働市場の流動化が必要であると考えられる。
　日本の労働市場では求人は新卒一括採用が基本とされており、大卒の若者でなければ良いジョブを見つけにくいという、諸外国とは異なる独特の構造となっている。いったん就職した企業に定年まで勤める終身雇用はバブル崩壊後に終わったといわれるが、なお中途採用では良いジョブが見つけにくい傾向にあり、転職は容易ではない。このため、構造不況業種から将来性のある業種に労働者がスムーズに移動しない問題点はかねてより指摘されてきた。転職が難しいことは、居住する地域をかえることも困難にしていると考えられる。
　労働市場の流動化が進み、新卒ではなくても良いジョブを見つけることが容易になれば、育児を機会にいったん地方の人口減少地域に転職して、子どもがある程度大きくなったら都市部の大企業に再び転職するということも容易になるため、地方移住のハードルが下がると考えられる。本書は地域における対策を中心に述べているが、労働市場の流動化は日本の労働市場全体の課題であり、国が対策を講じるべきであると考えられる。
　労働市場の流動化を妨げるおそれのある要因として、競業避止義務契約がある。
　競業人材を通じた技術流出を止めるために、従業員が退職後も営業秘密を漏洩することを抑止するための契約であり、就業規則に包括的に定められるほか、退職時に誓約書を書く場合もある。
　たとえば海外のライバル企業が人材を引き抜いて技術を奪おうとすることを止めるために必要な契約であると考えられるが、何が「営業秘密」に該当する

のか曖昧なことが多く、裁判で争われることも少なくない。三菱 UFJ リサーチ＆コンサルティングによる「人材を通じた技術流出に関する調査研究報告書（平成24年度経済産業省委託調査）」では競業避止義務契約を巡る様々な論点がまとめられており、多くの判例も紹介されている。新商品の内容や顧客リストが営業秘密に該当することは一般常識であると思われるが、以下のように、より広範な内容が営業秘密に該当すると判断された判例も紹介されている。[15]

「店舗における販売方法や人事管理の在り方」や「全社的な営業方針、経営戦略等」の「知識及び経験を有する従業員が、（原告を）退職した後直ちに、（原告の）直接の競争相手である家電量販店チェーンを展開する会社に転職した場合には、その会社は当該従業員の知識及び経験を活用して利益を得られるが」、「その反面、（原告が）相対的に不利益を受けることは容易に予想されるから、これを未然に防ぐことを目的として被告のような地位にあった従業員に対して競業避止義務を課することは不合理でない」と判断（東京地判 H19. 4. 24）。

　生産年齢人口の減少に伴い、人手不足の問題は既に深刻化しつつある。企業の立場では、制約社員に地方に転職されることは避けたいことから、競業避止義務を拡大解釈して転職を妨げるおそれが無いとはいえない。このため、制約社員が都市部から地方へ移住するに当たっては、競業避止義務契約が過剰な足かせとならないように配慮する必要がある。
　なお、制約社員の地方への移住が進めば、都市部の企業では育児や介護を機会とした社員の流出が増加することになるが、労働市場が流動化すれば、育児を終えた世代を中途採用して埋め合わせることが可能になってくる。あるいは制約社員の大幅な流出を防ぐために、柔軟な働き方を可能とするような労務管理に改める契機となることも期待される。すなわち、育児や介護をする社員には短時間勤務を認めたり、出張や転勤を免除したりする企業が増加すれば、都市部での育児と仕事の両立が容易になる。さらに地方に移住する社員にテレワークを認めるところまで踏み込む企業が出てくれば、転職をしなくても地方への移住が可能となってくる。
　従来は一流企業と呼ばれて優秀な労働者を採用できた企業であっても、ブラック企業的な労働を社員に強いる企業は人気が落ちて優秀な労働者が確保で

きないようになる傾向は既にみられる。今後、柔軟な働き方を認める企業に学生の人気が集まるようになれば、妻付き男性モデルを前提とした日本企業の旧態依然とした人事管理も変わることが期待される。

5　縦割りを越えた総合的な地域の両立支援

　育児や介護、看護と仕事の両立支援のためには、総合的な取組みが必要と考えられる。

　育児休業の普及や育児休業中の所得保障など、既に国が取り組んでいることも重要な要素であるが、地域で取り組める対策、取り組むべき対策もある。

　以下に述べるように縦割りを越えて、公私連携も進めて包括的な両立支援を実現することが望ましい。多額の予算を必要としない対策を提言したつもりではあるが、実現は必ずしも容易ではないと思われる。特に教育における両立支援は保守的な考えの根強い地域では住民の意識を変えることは難しい課題かもしれない。しかし、地域の人口減少を防ぐためには、従来の発想を超えて、できることは何でもするというふうに意識を変革することが必要であると思われる。そして、地域ぐるみで両立支援を行うような体制をつくることが実現すれば、制約社員の移住を促し、また地方で生まれ育った若者の都市部への過剰な流出を防ぐための有効な対策になるものと考える。

1）　両立支援を意識した地域包括ケア

　前章では、地域家族ケアにおいては家族介護者の支援が重要であると述べた。ここでは、さらに両立支援を意識した地域包括ケアについて述べたい。

　ケアプランは、要介護高齢者本人や家族と話し合いながら、どのような在宅ケアのメニューを組み合わせるか、ケアマネジャーが作成するものである。従来は要介護高齢者本人のニーズに着目して行われてきたが、家族介護者のニーズもアセスメントして作成することが望まれる。特に、両立支援という観点からは、家族介護者の勤務時間への配慮が重要である。たとえば、3時間おきに服薬が必要であり、ホームヘルパーが一日に2時間訪問するとした場合、9時から1時間、12時間から1時間、それぞれヘルパーが訪問して食事介助などを

するとすれば、午前9時と12時の服薬はヘルパーが対応できるが、午後3時の服薬のために家族介護者が自宅に戻る必要がある。従来、このような場合には正規雇用の仕事を続けることを断念し、止むを得ず非正規雇用に転換していたと思われる。

しかし、この場合でも朝食の介助は家族が早めにしておき、ホームヘルパーの訪問時間を9時から30分にして、午後3時にも30分訪問するようにすれば、一日の訪問介護の時間は2時間のままであるが、家族は午後6時の服薬に間に合うように帰宅すればよく、正規雇用の仕事を続けられる可能性が生じる。

もっとも、このような細切れのケアプランを作成するとすれば、在宅ケアの拠点と要介護高齢者の自宅の距離が近い必要がある。距離が遠く移動に時間がかかる場合、細切れのケアプランを実現するには在宅ケア事業所のマンパワーが不足するであろうし、また在宅ケア事業所の経営が赤字になってしまうだろう。その意味では、まちづくりも重要な要素となる。コンパクトシティというと、インフラを維持するコストがかかるために無理に街中に住むことを強要されるイメージがついてしまっているが、ある程度高齢者が集まって住めば、上述したような家族介護者の就労に配慮したきめ細かいケアプランが可能になる。また、容態の急変などがあれば、夜間でも専門家が駆けつける24時間在宅ケアは、ある程度重度の人でも在宅で暮らすことができるようにするための地域包括ケアにおける重要は要素である。しかし、仮に24時間在宅ケアの体制を整えたとしても、在宅医療や在宅福祉の拠点から要介護高齢者の自宅まで車で1時間や2時間かかるとすれば、駆けつけたときには対応が遅かったということになりかねない。24時間在宅ケアが機能するためにも、高齢者はある程度まとまって暮らすことが望ましい。まちづくりについては、次章で詳しく述べることにしたい。

また、地域包括ケアにおいては生活支援が重要であると前章で述べたが、両立支援の観点からも重要である。たとえば、朝のゴミ出しを地域のボランティアの方が行ってくれれば、仕事の準備をしながら要介護高齢者のケアもする朝の大変さが緩和される。

さらに、軽度の認知症の高齢者の場合、グループホームに入らずに自宅で暮

らすことはできるが、状態の悪化等による徘徊のおそれはある。徘徊した高齢者が踏み切りに侵入して電車と事故になり、家族の賠償責任が問われた訴訟は、まだ記憶に新しいところである。もし何か問題を起こしたらと心配すれば、結局、家族は仕事をやめざるを得ない。しかし、地域ぐるみで認知症高齢者を見守る体制ができていれば、家族の心配は軽減される。

2) **教育における両立支援——PTAや学童保育における保護者の負担軽減**

 教育費については、育児の経済的負担の重要な要素として第3章で取り上げた。しかし、特に初等教育においては、経済的負担以外にも親に負担がかかり、両立を妨げる要素となっていると懸念される。

 その一つは、学校におけるPTA活動である。

 2016年3月25日の一億総活躍国民会議において、民間議員の一人である菊池桃子氏が、PTA活動がワーキングマザーの重荷になっていると問題提起をした。官邸のホームページに掲載されている議事要旨によれば、菊池氏の発言は、以下のとおりである。[16]

〇菊池氏　女性の就業、子供の教育、この2つが相交わったときに生まれるワーキングマザーの課題の一つを御報告させていただきます。
　実際に質的調査としてヒアリング調査を行っていきますと、働く母親にとって、学校のPTA活動への負担の大きさが仕事に支障を来しているとの声がたくさん挙がってきております。任意参加となっているが、全員参加することが暗黙の了解となっているケースが多く、断ると保護者間での関係性が悪くなる。また、職場でもPTA活動を口にすると、「だから、子供を持っているお母さんは面倒なんだ」などと言われ、心への負担の声も多く存在しておりました。また、女性が管理職を打診されても、PTAの件で断るケースもあると聞き女性活躍の観点からも気掛かりがございました。
　PTA活動につきましては、これまで児童・生徒の育成に大きく寄与した「貢献・実績」を忘れてはいけません。しかし、余りにも働くお母さんたちから聞こえてくるその声が大きかったものですから、関連の意識調査は、少なかったのですが、幾つか目を向けてみました。
　平成21年度、文部科学省「PTAを活性化するための調査報告書」では、「PTA委員を引き受けて困ったことは何でしょうか？」という問いの答えとして最も多かったものが、「時間のやりくりが大変だった」という回答で、対象者のうち半数以上が時間づくりの難しさを挙げ、そのほかの自由記述において、「仕事との両立困難」とい

う記入が多いことがわかります。PTA活動の経験がある方々へ向けた調査という、この調査の対象者の9割以上が実際には女性で、女性が主体の活動であることもわかります。

また、平成21年度大阪府PTA協議会や民間の調査でも、「仕事との両立困難」への回答は文部科学省の調査と同じ傾向が見てとれます。このように、女性が仕事をしていく上で「支障を来している」という声が多く存在します以上、政府の積極的な関与・指導を提案いたします。マクロな視点だけではなく、現場のミクロ視点の課題も積極的に解決していくことで、女性の就業問題の議論の深化をぜひお願いいたします。

以上です。

菊池氏のこの発言に対し、反対する意見もあったが、共感するコメントが相次いだ。[17]

その背景には、PTAは事実上の強制加入であり、役員になることも避けられず、イベントにも強制的に動員されるといった現状があると考えられる。もしPTAに加入しないと他の保護者からの批判にさらされ、場合によっては子どもにも悪影響が及ぶのではないかという不安から、おかしいと思いながら声をあげられずにいたワーキングマザーから共感の声があがったと思われる。

PTA活動が親の負担になっているケースは、全国に数多くあると考えられる。PTAの役員になると、学校によって事例は異なるが、一般に多くの会議に出席しなければならず、毎月のようにあるイベントの準備に追われるため、負担は特に重くなる。

このため、PTA役員の押し付け合いが起きることになる。山本浩資（2016）は、4月の保護者会ではPTAの委員決めが難航することから、委員をやっていない人を探して委員になるよう圧力をかける事例を紹介している。[18] また、「6年間に1回は委員になるというルールなので、育休中に子どもを背負って古紙回収をしました」という事例も紹介している。[19]

大塚玲子（2014）は、4月の保護者会でおこなわれる「役員（委員）決め」は、なり手がいないためになかなか決まらず、くじ引きやじゃんけんで強制的に決められることもめずらしくないことを指摘している。[20] また、病気や家庭の事情によってPTA活動ができない場合、そのようなプライバシーをさらさなければいけないのか、あるいは個人的事情を公表していないためにPTA活動

を断ろうにも理由がいえないといった声も紹介している。[21]

　筆者も、子育て中の同僚や大学院生からいろいろな声を耳にする。たとえば、PTAの集まりが平日にあり困っている、学校のイベントの準備・運営に加えて、学校で行われる地域の行事や公園の清掃にもPTAが協力させられているなどの事例である。

　このようなPTAをめぐる状況をみていると、上述した標準的家族像に基づいて行動しているのは企業だけではなく、教育の現場も同じなのではないかという問題意識が生じてくる。すなわち、現在のPTA活動は専業主婦がいる家庭を前提としているため、共働き世帯には非常に負担になっているのではないだろうか。

　たかがPTA活動と思う人もいるかもしれないが、頻繁に週末のイベントに強制参加させられ、その準備をさせられることは、仕事との両立のうえで無視できない負担になっていると思われる。また、イベントの打ち合わせや準備が平日の夜に行われる場合、子どもの面倒を代わりにみてくれる人がいなければ子どもを連れて参加することになるが、子どもの夕食や就寝が遅くなり、子どもの生活リズムも狂ってしまう。

　保護者や子どもに大きな負担をかけてまで多くのイベントを行う必要があるのか、疑問を禁じえない。PTAのイベントとは、誰のために行われているのだろうか。

　菊池氏が問題提起したPTA活動と仕事の両立が困難というのは、PTA活動の負担も育児の負担と同様に主として母親の負担となっていることから、働く母親たちの痛切な声を代弁したものではないだろうか。小一の壁は、こどもを保育所に通わせながら働いてきた母親が、子どもが小学校一年生になると仕事との両立ができなくなり、仕事を辞めるという問題だが、学童保育の不足だけではなくPTAの負担も小一の壁の原因になっていると思われる。

　このため、保護者の負担を軽減するためにPTAの活動は任意加入であることを周知し、その活動もスリム化することも、育児と仕事の両立支援における重要な要素であると考える。PTAは建前としては学校から独立した組織であり、その具体的な活動内容は国が決めているわけではないことから、PTAの改革は地域でなければ取り組めない課題であるとも考えられる。子どもの親が

学校や地域社会に奉仕することが当然のように繰り返されてきた地域では、子どもの親の仕事に配慮して、地域社会が親を支えるというふうに意識を変革するのは容易ではないかもしれない。しかし、本当に育児と仕事が両立しやすい地域になるためには避けて通れない道である。

あるいはこれまで強制することによってPTAの活動が維持されてきたことから、任意加入のボランティアによる活動にするとPTAが維持されないと懸念する人もいるかもしれない。

山本浩資（2016）には、海外在住経験のある人から世界のPTAについてヒアリングした結果も述べられている[22]。非常に興味深く思われるので、その一部を引用したい。

・年度初めに1年間のボランティアリストが学校の掲示板に貼り出されて、保護者はやりたいボランティアに登録する。決まった行事がほとんどなので参加しやすい。（アメリカ）
・年度初めにお手伝いできる人は登録しておく。必要なときにメールで募集がかかる。（ベルギー）
・委員会のようなものはなく、学校主催の行事に対しては、できるときにできる人がお手伝いをする。必要に応じて手紙やメールで募集がかかる。（オランダ）

このように、PTAの発祥の地といわれるアメリカをはじめ、欧米諸国ではPTAの活動は強制ではなく任意参加であり、まさに自発意志によって（voluntary）、ボランティアが担っていると思われる。無理やりに参加させて親に負担を強いる日本のPTAの現状は欧米諸国とは異なるというのは、筆者にとって目から鱗が落ちる思いであった。

そして山本浩資（2016）では、PTA活動をすべてボランティア制にし、PTAを解体してPTOに移行して成功した東京都の小学校の事例が紹介されている。また、大塚玲子（2014）でも、本部や委員会をなくしてボランティア制に変え、保護者が任意で加入するかたちにしてPTAの活性化に成功した岡山市立西小学校の事例が紹介されている[23]。このように、PTAを任意加入にして成功している例も複数あることから、強制的に加入させなければPTAは活動できないということではないはずである。

また、PTAの運営に地元住民の力を借りるのも一案ではないかと考えられる。たとえば学校行事としての運動会や卒業生を見送る会の準備・運営は、PTAの負担を軽減すると教員の負担が増えてしまうのだとすれば、地域の高齢者に支援を呼びかけるのも一案ではないだろうか。登下校時の子どもの見守りについても、PTAが義務として行うのではなく、地域のボランティアが行う形にかえられるのではないだろうか。

　教育の場において育児と仕事の両立を妨げる要因としては、PTA活動のほかに、学童保育の運営への協力を強いられることも挙げられる。第3章において、学童保育では支援単位ごとに配置が求められているスタッフの人数は2名しかおらず、目が行き届かないために保護者の支援を必要とする場合もあることを述べた。
　PTA活動は専業主婦のいる古い標準的家庭像を前提しているのではないかと述べたが、学童保育は一般的に共働きの家庭あるいはシングルペアレントの家庭が利用するため、なおさら専業主婦のいる古い標準的家庭像はあてはまらない。それにも関わらず、学童保育においても役員を強制的に引き受けさせられる、あるいはイベントに保護者が駆り出されるケースがあると聞く。たとえば平日の昼間にプールの監視員を保護者がつとめなければならないとすれば、仕事を休むしかなくなる。
　このような学童保育の運営についても、両立支援の観点から保護者の負担軽減を行うことが望まれる。
　PTAも学童保育も、保護者に強制的に負担させることがなくなり、地域の人たちに支えられて運営できるように変えていければ、強力な両立支援策となることが期待される。

3）　両立をする女性を支援する意識の醸成
　これまで、わが国では育児をしながら働く母親は、家事もこなしながら、ダブルケアの場合は介護も担いながら、さらにPTA活動の負担も担ってきた。専業主婦の役割についてアンペイドワークとしての家事を評価するという視点もあるが、働く母親もまたアンペイドワークとしての家事を行っていることを

忘れてはいけない。

それにも関わらず、働く母親たちから、社会に支援を要求する声が必ずしも大きくならなかったのは、なぜだろうか。

2016年3月8日に筆者は福岡を訪問した。福岡で長年、育児支援等の活動を行ってきた㈱フラウの濱砂氏にヒアリング調査を行うためである。濱砂氏は、女性の活躍を支援するマミーズサミットの中心人物であり、静岡県のマミーズサミットのメンバーである㈱ふじやまママ社長の小林惠子氏に紹介していただいた。

なぜ母親たちが声をあげてこなかったのにかについて濱砂氏に尋ねたところ、「女性はずっと我慢をしてきた」とのことであった。育児は母親の責任で行うべきものだという社会的な風潮のもとでは、働く女性が育児と仕事の両立の困難さを周囲に訴えることは難しかったようである。また、介護についても、仕事と介護を両立するために公的な介護サービスを利用している場合に、息子夫婦や娘夫婦に面倒をみてもらえなくて可哀相といった批判を聞くことも多かった。

このため、育児や介護をしながら働く女性に対して、働くことは社会に貢献することでもあり、特に人口減少によって労働力人口の不足が懸念される日本では、育児や介護をしながら働くことは社会の役に立つことであり、決して後ろめたい気持ちを持つ必要はないことを伝えることもまた、重要な両立支援であるとのことであった。

市民に人口減少に関する厳しい状況を伝え、生産年齢人口が大幅に減少する地域では、育児や介護をしながら働く女性を支える必要があるという認識を共有することが望ましい。そして、地域に暮らす人たちが、育児や介護をしながら働く女性たちに「お疲れ様」と自然に言えるような意識が醸成されることが望ましい。また、そのような意識の醸成された地域であれば、制約社員として働く女性たちが移住しようという気持ちにもなるのではないだろうか。

4） 両立支援を意識した雇用の創出

制約社員の移住促進のためには、人口減少地域において、育児や介護と両立しやすい雇用が創出されることが望ましい。雇用の創出全体については地域の

産業構造の違いなどを踏まえて議論する必要があり、筆者の知識の及ぶところではないことから、本書では取り上げない。ただし、両立支援を意識した雇用の創出は、本書で論じてきた内容と関係が深く、人口減少対策を考察するうえでも重要と思われることから、ここで取り上げることにしたい。

　最近になって注目されている育児と両立しやすい雇用形態として、保育スペースの隣で母親に働いてもらうという方法がある。

　㈱ママスクエアは、その先駆者である。同社によれば、ママスクエアとは[24]「ママが子どものそばで働ける・保育園でも在宅でもない新しいワーキングスペース」という意味である。同社は、ショッピングモールに保育スペースと隣接した職場をつくり、アウトソーシングされた仕事を行うという新たなビジネスモデルを作り出した。

　日経BP社が運営するウェブサイトである「ワクスタ」において株式会社ママスクエアの動向が取り上げられており、「主婦が子どものそばで働けるオフィス　アウトソーシングの新しいビジネスモデルが登場」と題した記事が2015年12月7日付けで掲載されている。

　この記事において、ショッピングモール内のママスクエアのオフィスには、保育士や子育て経験者らが常駐するキッズスペースが併設され、無料で子ども（1歳から）を遊ばせることができ、セキュリティー対策が講じられているうえに親も子どももガラス越しに互いの様子が見えることで安心して過ごすことができると紹介されている。また、子持ちの主婦は面接にすら呼んでもらえないことから、優秀な能力を持ちながらも働く機会を得られなかった女性の活躍の場になること、比較的安い時給でも、子どもを預けるコストを考えれば実質的には低くなくなることから、時給900円でも優秀なスタッフが集まることなど、同社のビジネスモデルのメリットが述べられている。

　このような育児と両立しやすい雇用を創出することは、人口減少地域における雇用創出の一つの方向性であると考えられる。

　地方の人口減少地域において雇用を生み出すにはテレワークは有力な選択肢になると考えられる。ただし、留意すべきなのは自宅で働く場合、労働時間の管理が難しく、ブラック企業的な働き方を強いられるという批判もある点である。また、企業からアウトソーシングされた仕事を在宅勤務で行う場合、クラ

ウドソーシングを利用することが考えられるが、クラウドソーシングにおいても、作業の単価が非常に低いためワーキングプアになってしまうなどの批判もある。

ママスクエアはテレワークの一形態とみることもできるが、オフィスを設置することによって労働時間が明確になる。また時給制であることから、単価の非常に低い仕事を請け負うことによって収入が思うように得られないリスクも回避しており、育児と仕事の両立を実現するビジネスモデルとして先進的であり評価できる。

ママスクエアは育児と仕事の両立のみに着目しているが、さらに拡大して、職場に隣接してデイサービスの拠点を設置して、介護と仕事の両立を実現することができれば、より働ける人が増加する。本書では高齢者のケアと保育を統合することを提案しているが、そのような統合されたケアの拠点を職場の近くに設置することは両立支援の観点からも望ましく、さらに住宅地の近くに拠点があれば、より望ましい。この点はまちづくりに深く関わることから、次章でさらに論じることにしたい。

6　人が循環する社会へ

高齢者だけを地方に移住させるのには反対であるが、制約社員とその家族の地方移住は促進すべきであると述べてきた。しかし、家族介護者がいない都市部の単身の高齢者などはどうすれば良いのかという課題は残る。特に、首都圏では病床も入所介護施設も足りないと予測される。このため、前章でも述べたが、在宅ケアに力を入れる必要がある。幸いに都市部では人口が密集していることから24時間在宅ケアの実現は比較的容易であると考えられる。

しかし、重度の要介護者などは、入所ケアが必要な場合がある。首都圏ではどうしても足りない場合は、地方に高齢者を受け入れてもらう必要もあるだろう。ただし、若いときに地方から都会に移住し、現役世代のうちに都会で働いて、働けなくなって医療や介護が必要になったら地方に戻ってもらうというのでは、地方は納得できないだろう。働けなくなったら用済みであると言わんばかりに都会から追い出すというのでは、個人の心情としても納得がいかないだ

ろう。このような歪な人の移動を繰り返していては、地方は生産年齢人口が減少して衰退する。そして地方が衰退して出生数が減少し、都市部への若年人口の流入がなくなれば、単独では人口を維持できない都市部もまた衰退することになる。

　一方、地方が高齢者をまったく受け入れないとなれば、都市部において急速に増加する高齢者は医療や介護のケアを十分に受けられない状態に陥る。また、地方における人口減少を防ぐために若年人口の都市部への流入が急速かつ大幅に減少すれば、合計特殊出生率の低い都市部では人口規模に比べて出生数は少ないことから、都市部では若年人口が急速に減少し、高齢化率はさらに加速して上昇する。

　このため、地方と都市部の間では、互いにとってメリットのあるような人の移動が望まれる。本章で述べてきた制約社員の地方への移住も、その一つである。育児世代の地方移住を促進することは、都市部の待機児童を減少させるとともに、人口減少地域の保育所閉所を防ぐことにもなる。育児世代が両立環境の整った地方で安心して出産することができれば、全国的に合計特殊出生率が上がることが期待でき、いずれ成長した若者の一部が都市部に流入することで、都市部にもメリットがある。

　したがって、制約社員の地方への移住に都市部の自治体も協力することが望ましいと考える。ここまで地方において受け入れ態勢を整えて制約社員の移住を促進することを考察してきたが、制約社員を送り出す側も協力すれば、よりスムーズに人の移動は進むだろう。たとえば育児のために地方移住を考える夫婦の相談に都市部の自治体が応じて、保育所に余裕があり、かつ当該夫婦の職業的特性が活かせるような雇用のある地方を紹介するなどのマッチングの支援が考えられる。

　このため、都市部と地方の自治体間で協定を結び、育児世帯の地方移住に協力すると同時に、医療や介護の必要な高齢者を受け入れるという協力関係を構築することも一案ではないだろうか。豊島区（2016）では、地方からの流入人口によって豊島区は支えられていることから、地方との共生が必要であると率直に述べられている[25]。都市部と地方とで、互いにとってメリットのあるような人の移動を促していくことは、豊島区のいう「地方との共生」の実現につなが

る。

　従来のような地方から都市部に人口が移動するという一方通行の人の移動ではなく、ライフステージに応じて、地方と都市部の間を循環する人の移動に変えていくことが望ましいと思われる。

7　ワーク・ライフ・バランスから派生する効果

　制約社員の両立支援のためには、長時間残業や休日出勤をなくし、柔軟な働き方を推進する必要がある。いくら保育サービスや在宅ケアを充実しても、毎日のように長時間残業を強いられ、休日出勤もあるようでは、両立はできるはずがない。また、日本では育児は主として母親が担っている背景には、父親の長時間残業がある。残業時間が短くなれば、父親の育児分担が増えることも期待できる。

　このように、両立支援の観点からも、政府が働き方改革を重要課題として推進しているのは望ましいことであり、成果が挙がることを期待したい。

　また、本来、ワーク・ライフ・バランスの意味は、育児や介護・看護と仕事の両立を支援することだけではない。たとえばガン治療中の者や治療を終えたが体力のない者など、自分自身の理由によって制約社員となっている者も自らの望むワーク・ライフ・バランスがかなうなら、就業を継続でき能力を発揮することが出来る。

　さらに、長時間残業が解消すれば、現役世代も平日の夜に自由な時間を手に入れられる。その時間を家族と過ごしたり、趣味に費やすことも良いだろう。1999年から2002年にかけて、筆者は厚生労働省から出向する形で在ドイツ日本大使館に勤務する機会を得た。ドイツ勤務で強く印象に残っているのは、平日の午後6時や7時頃に、仕事帰りと思われる男性たちが家族と一緒にレストランで食事をとり、あるいはオペラやクラシックのコンサート会場に出かけている姿である。日本では長時間残業が常態化しているのに、なぜドイツではこんなに労働時間が短くて済むのだろうかという疑問を禁じえず、また、平均賃金では日本がドイツを上回っているが、本当の意味で豊かなのはドイツの方ではないかとも感じた。

おそらく日本企業では、かつてモーレツ社員と呼ばれたような馬車馬のように働くことで競争力を高めた成功体験があり、長時間残業をしなければ競争に負けるという恐怖感のようなものもあるのではないかと思われる。しかし、ドイツでは短い労働時間でも、メルセデスベンツやBMW、ジーメンスやBASFなどの国際競争力の高い企業がひしめいている。日本の労働者の質がドイツの労働者の質よりも劣ることは思われず、また、日本の企業経営がドイツの企業経営よりも劣るとは筆者は思わない。ドイツのような高い競争力と短い労働時間の両立は日本でも実現できると期待する。
　ところで、前章でも述べたように、ドイツはボランティア活動が盛んな国である。
　日本でもワーク・ライフ・バランスが実現すれば、現役世代にボランティア活動を行う余裕が生じることが期待される。従来、ワーク・ライフ・バランスという場合の「ライフ」の要素は育児と介護が議論されてきたが、それだけが重要なライフの要素だろうか。藤本真理（2014）は、育児・介護以外の「ライフ」要素は労働法の分野においてさえ社会性が低い、純然たる「私事」であって育児・介護に比べて優先順位が劣後するものとして位置付ける見解が根強いことを踏まえて、家族責任以外の私生活を尊重することが軽視されてきたことは問題であり、特にボランティアに関しては単なる「私事」と割り切れない要素があり、民生委員、児童委員あるいは「いのちの電話」相談員など社会性の高い活動も多く織り込まれており、その公益性に鑑みれば、一定の保護に値することを指摘している。[26]
　現役世代のボランティア活動が活発になれば、ここまで述べてきた地域包括ケアの生活支援を充実させることができ、育児や介護の孤立を防ぐ市民活動もまた発展することが期待できる。さらには高浜市のまちづくり協議会のような市民が政策を担う活動にもつながり、地域の発展に資するものと期待される。

［注］
1）　たとえば藤波（2016）
2）　介護保険の保険者は市町村であり、医療保険の中でも国民医療保険の保険者はやはり市町村である。地方に高齢者が移住すれば、介護保険や国民医療保険の保険料が上昇して、地方の現役世代の更なる負担増を招くおそれがある。

3) 今野（2012）p. 107
4) 竹信（2011）p. 9
5) ふだんの状態がはっきり決められない場合は、1年間に30日以上介護をしていれば「ふだん介護をしている」とされている。
6) 総務省（2012）p. 35
7) いずれは高齢者人口も減少して要介護高齢者も減少に転じると思われる。
8) 日本創生会議（2015）p. 3
9) 同上 p. 5
10) 同上 p. 13
11) 離島などにおいては無医地区が存在するなど、医療が十分に受けられない場所もある。また、採算があわないために民間の介護事業者が進出しないために在宅ケアが不十分な地域もあることには留意しなければならない。
12) 帝国臓器（単身赴任）事件（最2小判平成11年9月17日労判768号16頁）
13) ケンウッド事件（最3小判平成12年1月28日労判774号7頁）
14) 藤本真理（2014）pp. 138-139
15) 三菱UFJリサーチ＆コンサルティング（2015）p. 15
16) 一億総活躍国民会議「第6回 平成28年3月25日 議事要旨」p. 9（http://www.kantei.go.jp/jp/singi/ichiokusoukatsuyaku/dai6/gijiyousi.pdf）（2017年3月14日閲覧）
17) 2016年4月27日付朝日新聞「菊池桃子さん「PTAは任意」発言に広がる共感なぜ？」
18) 山本（2016）pp. 55-57
19) 同上 p. 81
20) 大塚（2014）p. 12
21) 同上 p. 19
22) 山本（2016）pp. 137-138
23) 大塚（2014）pp. 176-181
24) ママスクエア社ホームページ（http://mamasquare.co.jp/）（2017年5月13日閲覧））
25) 豊島区（2016）p. 11
26) 藤本真理（2014）pp. 146-147

第 **7** 章

人口減少を防ぐためのまちづくり

　本書ではここまで、保育サービスの充実や育児の経済的支援を述べ、都市部では育児や介護と仕事の両立が難しい制約社員の人口減少地域への移住を促進すべきであるという考え方のもとに、保育ケアや育児の経済的支援、地域包括ケア、さらに前章では学校教育も含めた両立支援策についても論じてきた。
　しかし、育児や介護と仕事の両立を支援する政策としては、なお重要なピースが残っている。それは、まちづくりである。
　なぜ両立支援策においてまちづくりが重要かといえば、たとえば、育児と仕事の両立支援のためにいくら保育サービスを充実したとしても、自宅と保育施設の距離が遠く、さらに職場が遠ければ、現実には育児と仕事の両立は困難となるからである。
　このため、育児と仕事を本当に両立できるようにするためには、自宅と保育拠点、職場のいずれもが近接していることが望ましい。
　介護についても同様であり、地域包括ケアを充実しても、自宅と在宅ケアの拠点、職場が遠く離れていれば、やはり両立は困難である。また、何かあったときに専門家がいつでも駆けつける24時間在宅ケアが機能するためには、要介護高齢者の自宅と在宅ケアの拠点が近いことが前提となる。
　ただし、具体的にどのような都市計画を策定し、まちづくりを進めるかについては、地域ごとの地理的特徴や産業の特徴などに応じて、行政機関、有識者および市民が話しあって方向性を出していくほかはないと思われる。この問題は社会保障政策を専門とする筆者の知見や力量を超える難題であり、本書で詳しく取り上げることはできない。
　しかし、上述のとおり、人口減少を防ぐ対策を講じるにはまちづくりは非常に重要な要素である。また、筆者は社会的孤立に関する研究においても、共同研究者に執筆してもらうことなどにより、ニュータウンやコンパクトシティな

ど都市の問題に踏み込んだ経験がある[1]。このため、本章においてはまちづくりについて論じ、選択肢の提示を試みることにしたい。

1　コンパクトシティの光と影

まず、日本の都市の現状について確認しておきたい。

戦後、モータリゼーションに伴い、日本のまちは郊外に拡大してきたと言われる。土井勉（2014）は、自動車を保有する人々にとっては、保有に伴いガレージが必要となり、地価の高い市街地で諸施設が密集した環境の中でガレージを確保するよりも、地価の相対的に安価でゆったりとした環境の郊外の住宅地でガレージを備えた戸建て住宅を持つことが望ましいと考える人々が増加し、そうした人々の受け皿として郊外の幹線道路沿いに多くのニュータウン等の郊外住宅が整備されたことを指摘している[2]。

しかし、新しい住宅の建設が続く中で、人口は減少局面に転じた結果、空き家は大幅に増加している。総務省の平成25年住宅・土地統計調査によれば、全国の空き家数は5年前に比べて63万戸増加し、820万戸にのぼる。その結果、市街地は虫食い状態になりつつある。戦後に整備された下水道などのインフラストラクチャーが更新時期を迎えつつあることから、拡大した市街地に薄く広く住んでいるままではインフラの更新・維持コストが持続不可能なほどに高騰するという問題意識のもと、「徒歩による移動性を重視し、様々な機能が比較的小さなエリアに高密に詰まっている都市形態」（饗庭　2015：131）であるコンパクトシティの理念が重視されるようになった。

国土交通省はコンパクトシティを推進し、全国の自治体の様々な計画にも盛り込まれるようになった。

分散して暮らすよりも、ある程度まとまって暮らしたほうが良い点は多くある。たとえば、地域包括ケアでうたわれる24時間在宅ケアは、夜間でも何かあったときには専門家が駆けつけてくれるシステムであるが、専門家のいる在宅ケアの拠点から、要介護高齢者の暮らす家まで何時間もかかるとすれば、安心できるシステムとはならない。一方、在宅介護ステーションや在宅看護ステーションの立地する条件としては、ある程度の需要がある必要がある。在宅

ケアを利用する人がある程度まとまって住んでいる場所でなければ、在宅ケア事業所の採算は合わない。

　また、高齢者による交通事故のニュースはよく耳にするところであり、警察も高齢者の免許返納を促している。個人差はあるものの、加齢に伴う視力の低下、反射神経の低下などにより、車の運転は危険になると考えられる。

　しかし、モータリゼーションに伴い郊外に広がった住宅地では、交通手段については車による移動が前提となっている。さらに、かつてはバス便も多くあったとしても、人口の減少に伴い、バス便が減少している地域も多いと思われる。このため、いざ車の運転をやめると、買い物にも困るなど日常生活に支障が生じるおそれがある。交通手段を車に頼らずに済むという点でも、徒歩あるいは公共交通機関で移動できるコンパクトシティは、高齢者などの交通弱者が住みやすいまちでもある。

　このようにコンパクトシティは交通政策の視点からみても重要度が高く、高齢者などの交通弱者の外出・交流が容易になることは社会的孤立を防ぐことにもつながることから、筆者もまたコンパクトシティの推進が望ましいと考えてきた。[3]

　コンパクトシティは国土交通省が推進したことから、多くの自治体の都市計画に取り入れえられている。

　しかし、コンパクトシティへの反発も広まっている。

　大西隆（2015）は、2014年8月に内閣府が実施した世論調査では「人口減少、高齢化が進む中で、地域を維持・活性化するための方法として、居住地を中心部に集約するという考え方があります。あなたは、その考えに賛成ですか、反対ですか」という問いに対し、「反対」が19.3％、「どちらかといえば反対」が44.7％と反対意見が多かったことを指摘し、コンパクトシティが国民多数の支持を得ているわけではないと指摘している。[4]

　また、姥浦道生（2015）は、コンパクトシティに対して「一極集中を目指すのか？」、「人口減少と併せて考えるとコンパクト化"される"農村部は見捨てるのか？」、という議論があったと指摘している。[5]

　コンパクトシティは、多くの自治体の都市計画に取り入れられるようになった半面、都心部に集住する必要性として、下水道を維持する負担が過大になる

などの費用面が強調されがちであるために、お金のために住み慣れた自宅を出て行けというのか、という反発を招いているように思われる。また、集まって住むことのメリットがきちんと伝わっていないとも考えられる。さらに、上述のように、コンパクトシティには都市部以外は切り捨てる印象が伴ったことも反発の原因だろう。コンパクトシティが成立するために必要な人口がどれくらいなのかは必ずしも明らかではないが、たとえばコンパクトシティの成功例として知られる富山市のように新型LRTを整備しようとすれば、数十万人の人口規模が必要ではないかと考えられる。

コンパクトシティに対する反発を受けて、饗庭伸（2015）は、長期的にはコンパクトシティを実現すべきだが、短期的な実現は不可能であるとして、短期的にはスポンジ化の構造を活かしたかたちで都市空間をつくることを提言している[6]。また、姥浦道生（2015）は、コンパクトシティとは持続可能な都市形態として構想されているものであり、コンパクトな都市を作ること自体が目的ではなく、サステイナブルな都市・社会をつくることが目的であると指摘している[7]。

このため、本章では、人口減少地域においても持続可能なまちづくりという視点からサステイナブルという言葉を用い、さらにシティという言葉からは都市部のみを対象にする印象が生じることから、シティではなくタウンという言葉を用い、「サステイナブルタウン」という言葉を用いることとしたい。

2　持続可能なまちづくり——サステイナブルタウン

1）中心市街地の再生

本書では、人口減少地域が生き残るためには労働力人口の減少を防ぐ必要があり、そのためには、都市部では両立が難しいために能力を発揮して働きにくい制約社員が育児や介護、看護と仕事を両立できる環境を整える必要があることを論じてきた。

このため、本章において論じる持続可能なまちづくりである「サステイナブルタウン」は、両立支援を意図したまちづくりとなる。両立支援を意図したまちづくりにおいては、保育や地域包括ケアなど在宅ケアの拠点をまちづくりの

重要な要素となる。その際、保育ニーズがまだ大きい地域であれば保育所を配置すれば良いが、第3章で述べたように人口減少地域では子どもの減少が続いており、都市部のような待機児童問題は生じていないが、採算があわないために保育所が閉所に追い込まれる問題が懸念されている。そのような地域では保育所単独では維持が困難なことから、第5章で提唱したように、利用者の年齢による枠を取り払い、エイジレスなケアとして、高齢者のケアと統合した在宅ケアを展開することが考えられる。エイジレスに統合された在宅ケアはまた、育児と介護のダブルケアを行っている人にとって利便性が高いというメリットもある。

次に、サステイナブルタウンでは、統合した在宅ケアの拠点がオフィス街に近いことが望ましい。住宅地と職場が近くに位置する職住近接が望ましいことは従来から指摘されてきたが、ここでは、子どもと高齢者のケアを統合した在宅ケアの拠点を住宅地に近接するようなまちづくりを提案したい。そのことは、第5章で述べたような、家族介護者に配慮した地域包括ケアの実現につながる。

さらに、地域の在宅ケアの拠点の近くに日常の買い物ができる程度の商業機能も備わっていることが望ましい。ある程度まちとしての機能が集約された拠点があり、住宅地も統合された在宅ケアも職場も、そこから遠くないことが望ましい。

このように考えると、都市部ではなくとも、ある程度人が集中して住んでおり、商業機能も備わっている場所を拠点とすることが発想される。人口が全体として縮小していく中で、従来のまちの生き残りを図る観点からは、新たなまちをつくるのではなく、既にあるまちを再生することが望まれる。

ある程度の商業機能が備わっており、住宅地も職場も、統合された在宅ケアの拠点も置くとなれば、中心市街地の活性化を行うことに議論はつながってくる。しかし、中心市街地の活性化は、これまでに多くの議論が行われ、多くの試みが行われている。本書が新たな視点を提示できるとすれば、育児や介護と仕事の両立支援という要素を盛り込み、制約社員が生活しやすいまちづくりを行うことである。

中心市街対の活性化のためにはいわゆるシャッター通りの対策が必要であ

り、商店街の空き店舗の活用はこれまでにも多くの議論がなされている。高齢者を対象とした在宅ケアステーションが空き店舗を利用している事例は既に多くあるが、ここでは、高齢者と子どものケアがエイジレスに統合されたケアの拠点を置くことを提案したい。

また、現代社会における介護や育児は社会的に孤立するリスクを内包していることから[8]、社会的孤立を防ぐ機能が商店街に備わることが望ましい。たとえば、居場所づくりのためのコミュニティカフェを空き店舗に展開することが一つの方策として考えられる。

空き店舗を利用した居場所づくりの実践事例は既にある。筆者は静岡県内の居場所づくりの取り組みを調査してきたが、NPO法人「たすけあい遠州」の運営する「もうひとつの家」は、袋井駅の駅前商店街の空き店舗を利用している。「たすけあい遠州」の代表者である稲葉ゆり子氏によれば、以前は住宅街で活動をしていたが、袋井駅前商店街協同組合から、空き店舗のシャッターを上げてほしいという依頼があり、活動の拠点を移したとのことであった。

「もうひとつの家」には、高齢者を中心として多くの人が集まる。袋井駅の駅前であり、かつバス停もすぐ前にあることから、電車やバスの待ち時間に立ち寄る人もいる。社会から孤立して悩みを抱えている人が、駅前のコミュニティカフェで見ず知らずの人に、いきなり悩みを話しだすことがあるのかと疑問に思う人もいるかもしれない。しかし、見ず知らずの人だからこそ話せることもある。稲葉氏によれば、来訪者の素性は本人が話すまで聞かないのが原則となっており、このために家族のことなど、近所の人には話せないような悩みを語っていく人もいるとのことである。また、「もうひとつの家」には、便利な立地を活かして飛び込みの利用者もいるが、常連の利用者もいる。常連の利用者の中には、ボランティアとして運営に携わるようになる者もいるとのことであり、利用者と運営者の間の壁がないことも良い点だと思われる。

人間関係が希薄化する中で社会的孤立の問題は広がっており、コミュニティカフェに対するニーズは高まっている。コミュニティカフェが商店街にあることは、人を商店街に呼び戻す一つの手段ともなる。ただし、注意しなければならないのは、コミュニティカフェは法律に基づく要介護高齢者のデイケアなどとは異なり、運営費に補助金などは支出されない。善意の寄付が寄せられるこ

とはあるが、基本的に採算をあわせる必要がある。コミュニティカフェの大半は利益を出すことを目的としていないが、運営者の持ち出しが続くようでは、活動を持続することは難しい。このため、家賃については軽減されることが望ましい。

　コミュニティカフェが統合された在宅ケアの拠点と隣接した場所にあれば、育児や介護の孤立を防ぐことにもつながる。さらに、介護保険法に基づいて日常生活圏域ごとに設置され、高齢者の総合的な相談窓口としての機能を有する地域包括支援センターも商店街に配置されて、コミュニティカフェ等との公私連携が機能すれば、大きな効果を発揮することが期待できる。たとえば、地域包括支援センターを訪ねてきた要介護高齢者を一人で介護している家族介護者に相談相手がいないようであれば、コミュニティカフェを紹介できる。逆に、コミュニティカフェを利用している一人暮らしの高齢者が要介護状態になったのではないかと懸念される場合に地域包括支援センターを紹介することもできる。

　また、子ども・子育て応援プランにおいて中学校区に一ヶ所ずつ配置することが目標とされた地域子育て支援拠点を商店街に配置すれば、コミュニティカフェを利用する育児中の親が公的なサービスの支援を必要としている場合に、地域子育て支援拠点を紹介することができる。逆に、相談相手がいなくて社会的に孤立している親が地域子育て支援拠点に相談に訪れたとき、コミュニティカフェを紹介できる。

　このように、子どもや高齢者の在宅ケアに関する公私の様々な拠点を商店街に集めることができれば、相乗効果が期待できる。

　そして、人口減少地域のまちづくりを論じるうえでは、雇用の問題は重要である。前章では、株式会社ママスクエアの事例を引用して、キッズスペースを併設したオフィスで企業からアウトソーシングされた仕事を行うビジネスモデルの有用性を述べた。このビジネスモデルの長所は、アウトソーシングされた仕事を行うため、発注元の企業から離れた場所にオフィスをつくれることにある。このため、発注元の企業が東京などの都市部にあっても、地方の人口減少地域に展開することが可能である。もっとも、ママスクエアはショッピングモールに併設されていることが多いが、人口減少が深刻な地域にはショッピ

グモールが存在しないことも多いと思われる。しかし、このビジネスモデルはショッピングモール以外にも応用できる。実際に、ママスクエアでは商店街に出店した事例もある[9]。

このように、両立支援を意図したまちづくりを行えば、育児や介護と仕事の両立を「まち」が支援できるようになり、育児や仕事を理由とした離職を防ぎ、育児や介護の社会的孤立も防ぎ、制約社員の移住につながることも期待される。

2) 郊外におけるサステイナブルタウン——廃校の活用

ここまで述べてきたのは、中心市街地を再生することを想定したまちづくりである。中心市街地とはいっても、富山市のようにライトレールを敷設した大掛かりなまちづくりを議論したのではなく、本書の議論の念頭にある「旧3,000市町村」にあるような中心市街地を想定し、商店街の再生とも絡めて考えてきた。

しかし、コンパクトシティへの反発には、住み慣れた場所を離れたくないという気持ちからの反発が少なくないと思われる。長いスパンでみれば、要介護高齢者は中心市街地に住んだほうが24時間在宅ケアも展開しやすく、生活の利便性が高い。また、育児や介護と仕事を両立するにも、中心市街地に住んだほうが良いと思われる。しかし、急に引っ越せといわれても動けないという声は大きい。また、中心市街地にケアつきの高齢者住宅などが整備されていないと、引っ越したくても引っ越せないケースも少なくないと思われる。このため、少なくとも、短期的には人口減少地域の郊外でも安心して暮らせるようなまちづくりが望まれる。中心市街地ではなく、郊外でも展開できるようなサステイナブルタウンを考えようとすれば、商店街ではなく、さらに別の拠点を構想する必要がある。

それでは郊外のどのような場所に、まちとしての機能を集約した拠点を置けば良いだろうか。この点は本章を書くに当たり、筆者が最も頭を悩ませた点である。郊外といっても状況は千差万別であるために万能の処方箋は無いのではないかと思われ、少なくとも筆者の能力の範囲外である。しかし、郊外においてサステイナブルタウンを展開する一つの方向性くらいは提示したいと考え続

けた結果、一つのアイデアに行き着いた。

それは、廃校となった小学校や中学校の活用である。

廃校の有効活用は、実は、第１章で述べた静岡県立大学の伊豆市における活動において、藤本ゼミのゼミ生たちが行った提言に含まれていた。具体的には、廃校を活用したホテルや、廃校の体育館を利用した食品の生産などが、その内容であった。廃校を活用した事業の事例は全国にあり、ホテルは伊豆半島にも事例がある。[10]

ここでは、廃校を郊外のサステイナブルタウンの拠点として活用することを提言したい。

なぜ廃校を拠点にすることが考えられるかといえば、まず、小学校や中学校は子どもが徒歩で通うことを想定して設置されていることから、住宅地の中あるいは住宅地の近くに設置されるからである。住宅地から子どもが徒歩で通える場所に立地しているのであれば、高齢者も徒歩で通うことが期待できる。もっとも、一口に廃校といっても、廃校になってから時間が経ってしまうと周辺の住宅地から人口が大きく流出しているおそれもある。その意味では、本章で提言する廃校の活用は、どの廃校でも実施できるものではなく、比較的最近に廃校となった小中学校であり、近隣に育児世帯も残っているなどの条件を満たしている場合に限定される。

廃校を拠点として考える２つ目の理由は、空き教室を利用して子どもを対象とした保育ケアや高齢者を対象としたデイケアを行う事例は、全国に多くみられることである。このため、子どもや高齢者といった縦割りを排して統合されたケアの拠点を置くことは比較的容易であると思われる。育児のみならず介護、看護との両立を支援する統合された通所ケアの機能をまちの拠点に持たせることは、本書の提案するサステイナブルタウンの特徴である。さらに、廃校の空き教室を利用して、在宅介護ステーションや在宅看護ステーションの機能を持たせれば、利用者の自宅を訪問するタイプの在宅ケアの拠点ともなる。過疎地においては一般に医師は不足していることから実現は容易ではないが、診療所を併設できれば、なお良い。

さらに、廃校の長所としては、校庭を駐車場として利用できることもある。路面電車を敷設して採算があうような人口規模を想定していない以上、ある程

度は自家用車による移動を考えざるをえない。その場合、人が集まるには駐車場が必須の要素となる。第1章で述べた2015年に伊豆市で行ったタウンミーティングの際、平地が少ない伊豆市では広い駐車場を備えた場所がないことから、母親が集まるイベントに参加しようと思うと三島市や沼津市に行くことになってしまうという声を聞いた。校庭は一定の広さが確保されていることから、駐車スペースとして活用できると考えられる。このように駐車スペースを確保した拠点には、母親が交流する場所に加えて高齢者の交流する場所も置くことが考えられる。

さらに、小学校や中学校には家庭科室などの調理設備がある。このため、食事を提供するための初期投資が少なくて済むことが期待される。食事や飲み物を提供する機能を活かすことができれば、交流スペースから発展して、社会的孤立を防ぐためのコミュニティカフェを設置することもできる。コミュニティカフェは、その運営費に行政機関の補助金等がないことから採算をあわせる必要があり、上述したように、家賃が安いことが活動を持続するうえで重要である。廃校を利用する場合、空き教室の利用料金を低く設定することは比較的容易であるだろう。

それに加えて、本章で提案する廃校を利用したサステイナブルタウンの拠点に、上述したような企業からアウトソーシングされた業務を行うオフィスを設置し、子どもを保育する機能と高齢者のデイサービスの機能を統合した在宅ケアの拠点と併設すれば、育児や介護と仕事の両立が可能になる雇用を提供することが考えられる。

さらに、ある程度人が集まるようになれば、商業機能を設置しても採算があうようになると期待される。スーパーやコンビニエンスストアが出店し、商業機能も併せ持つことができれば、まさに地域の生活の拠点となる。

このように、人口規模が小さい過疎地では、廃校を拠点としてサステイナブルタウンを形成することも、一つの選択肢になるのではないだろうか。

廃校は、地域の子どもたちが減少したことを如実に示すものであり、人口減少を象徴する出来事であるといえる。その廃校を育児や介護と仕事の両立を図るまちづくりの拠点として蘇らせることができれば、将来に向けて地域住民に明るい気持ちを持ってもらい、地域が再生するシンボルになることも期待される。

3　ハードとソフトの融合したまちづくり

　人口減少を防ぐためのまちづくりでは、ハード面のみならずソフト面も重視したまちづくりも重要である。
　たとえば、高齢者が安心して暮らせるまちづくりには、バリアフリーなどのハード面の対策に加えて、ソフト面での見守り支援もあることが望ましい。第5章で述べたが、いわゆる孤独死などの高齢者の死亡事故を恐れて高齢者を賃貸契約の対象から排除しているケースが少なくない。これに対し、高齢者の見守り支援が充実していれば、死亡事故の減少が期待され、高齢者向けの賃貸住宅の整備も進みやすいと考えられる。
　しかし、高齢者の見守りを誰が行うかについては、自治体や社会福祉協議会の職員など常勤のスタッフが行うことはコスト面から非現実的である。このため、全国の社会福祉協議会で実施されている高齢者の見守り支援も、担い手は市民である。
　したがって、高齢者が安心して暮らせるように見守り支援の充実したまちにするためには、市民の活躍が必要である。公私連携は本書において一貫して扱っているテーマであるが、まちづくりにおいても重要なピースであると考えられる。
　上述した廃校を活用したサステイナブルタウンにおいても、地域における公私連携が実現していれば、さらに望ましい機能を増やすことができる。
　具体的には、無料もしくは低額の食事を子どもたちに提供する「子ども食堂」を設置することも考えられる。小学校や中学校の調理設備を利用すれば、特に利用が廃止されてから日が浅ければ、初期投資は少なくて済むと思われる。さらに施設利用料を低く抑えれば、活動の持続可能性が高まる。スタッフを地域の人たち、特に元気な高齢者がつとめてくれれば、世代間交流を図ることもできる。子ども食堂は、経済的な困難に直面している育児世帯の助けになることはもちろんである。
　また、学習ボランティアを確保できれば、学校から帰った子どもたちの学習を支援する教室を開くことも考えられる。親が働くオフィスに併設するキッズ

スペースに、小学校の宿題を解くことを指導してくれるような、学生や教員OBの高齢者などの学習ボランティアがいてくれれば、小学生の放課後の居場所となる。言い換えれば、学童保育を補完する機能を果たすことも期待できる。

4　「タウンアイデンティティ」の確立

　ソフト面からのまちづくりという点では、まちのイメージづくりも重要であると考える。
　たとえば、静岡県東部では、長泉町は育児しやすいまちというイメージが定着している。長泉町は地方交付税不交付団体であり、様々な行政サービスは充実しているが、何か特別な育児支援策を実施しているというわけではない。しかし、静岡県で育児支援に取り組んでいる人たちに聞いても、また静岡県東部出身のゼミ生たちに聞いてみても、長泉町は育児しやすいまちとしてイメージされている。
　実際に育児しやすいことはもちろん重要であるが、育児しやすいというイメージが広がることは、育児世代の流出を止め、流入を促すために非常に重要な要素であると考えられる。
　企業のイメージづくりについて、コーポレートアイデンティティの確立が重要であると言われるが、まちのイメージも重要であると考えられる。このため、本書ではタウンアイデンティティの確立を提言したい。
　本書では、育児に限らず、介護などのために仕事を制約される人たちの人口減少地域への移住を促進すべきであると述べてきた。育児や介護をしながら働きやすいまちとして、具体的にどのようなイメージを打ち出していくかは、それぞれのまちの特徴によるだろう。行政による手厚い育児支援策だけではなく、上述した保育所や在宅介護ステーションが便利な場所に配置されていることなど両立支援に配慮したまちづくりも特徴になる。また、前章で述べたように初等教育においては両立への配慮が不足していると思われることから、働く母親を強力にサポートできるような充実した学童保育、地域の市民の応援によって親の負担を軽減するようなPTA改革などもアピールポイントになると

思われる。また、ダブルケアに配慮し、介護の孤立を防ぐような地域包括ケアの推進も望ましい。

さらに、両立に配慮した働き方をすることを地元企業と一緒に打ち出せれば、育児や介護と仕事を両立しやすい地域として、他地域との差別化を打ち出せるだろう。

重要な点は、タウンアイデンティティの形成のためには、自治体が旗を振るだけではうまくいかないだろうことである。序章でも述べたように、いわゆる増田レポートを受けて各地で若年人口を惹き付けようと競争になっており、自治体の行える取組みだけでは十分な差別化を図ることは困難であると思われる。他の地域よりも若い人が暮らしやすく、育児や介護と仕事を両立しやすい地域にするには、市民と力を合わせることが重要であり、公私連携は鍵となる。なお、ここでいう「市民」とは、狭い意味での市民を意図していない。市民としての地元企業との連携も重要であると思われる。

図表7-1 チラシ「伊豆半島おもしろ発見シンポジウム」

人口減少対策において地元企業との協力に期待できるのは、地域の人口が減少することは、その地域を主たる営業エリアとする企業にとっても死活問題であるからである。たとえば地域金融機関にとっては、人口減少は重要な経営課題である。

既に動き出している地域金融機関もある。静岡県を代表する地方銀行である静岡銀行は、2015年に地方創生部を創設した。

そして、2016年8月に伊豆半島の小学生を対象として、図表7-1のようなイベントを主催している。

このイベントについて静岡銀行地方創生部から静岡県立大学に協力の依頼があり、筆者のゼミも2015年に伊豆市をフィールドとして人口減少対策をゼミの

課題として取り組んだことから白羽の矢が立った。そして、2016年7月に、静岡県立大学を来訪した静岡銀行地方創生部のスタッフと打ち合わせを行った。

打ち合わせでは、静岡県の人口減少の状況について意見交換を行ったが、静岡銀行が営業地盤である静岡県の人口減少に強い危機感を持っていることが感じられ、地元を代表する金融機関として、対策に積極的に取り組む姿勢が感じられた。また、筆者が現地調査を行った伊豆半島の状況についても意見交換を行ったが、静岡銀行は伊豆半島の問題点についても熟知しているという印象を受けた。地域金融機関は、当然のことながら営業エリアについて深い知見を持っており、人口減少対策を講じるうえで強力なパートナーになりえると考えられる。

一方、伊豆半島の小学生に愛郷心を育もうとする静岡銀行の取組みは、率直に言えば、どのくらい効果が上がるかは測定することは難しい。そのことは、静岡銀行地方創生部も十分に認識しており、しかし、可視化できる効果に捉われることなく、あらゆる可能性にトライしてみようという姿勢であった。こうした試行には、費用対効果の点で批判が生じやすい。しかし、具体的な効果は明示できなくても積極的にトライする姿勢こそ、従来の日本の少子化対策に欠けていた部分であると考えられる。序章で述べたように、フランスでは公共事業における乗数効果のような、予算をどれだけかければ出生動向がどれだけ回復するかという予測がない中でも、効果はあると信じて充実した育児支援策が講じられてきた。

このため、出生動向を回復しようとするのであれば、効果がはっきり示せなくても、効果のありそうなことは何でも実行していく姿勢が重要であると考えられる。これまで、日本の行政機関は無謬性のドグマに縛られており、トライ＆エラーを行うことに対して慣れていない。これに対し、企業は成功するかどうかはっきりした予測がなくてもトライすることに対して慣れているのではないかと思われる。その意味でも、地元企業と行政機関がタイアップし、企業のダイナミズムを活かすことは有用であると考えられる。

育児しやすい、あるいは育児をしたくなるような魅力あるまちのイメージをつくるには、地域が変わる必要がある。このため、地域に暮らす人、地域の企業との公私連携が欠かせない。地域の多くのステークホルダーが結集して育児

や介護を支援するというメッセージを発することが、人口減少を防ぐためのタウンアイデンティティにつながっていくと考える。

［注］
1) 藤本健太郎（2014）においては様々な分野の研究者に執筆を分担してもらい、社会的孤立について多角的な分析を行ったが、都市政策に詳しい土井勉大阪大学教授にコンパクトシティに関して執筆していただいた。また、社会的孤立とニュータウンの関係については、たとえば藤本健太郎（2012）pp. 3-5において考察している。
2) 土井（2014）p. 93
3) たとえば藤本健太郎（2012）pp. 176-177
4) 大西（2015）p. 72
5) 姥浦（2015）p. 48
6) 饗庭（2015）p. 135
7) 姥浦（2015）p. 54
8) 育児の孤立、介護の孤立の詳細については、藤本（2012）第3章を参照されたい。
9) 神戸市の新長田駅再開発エリアに、ママスクエア神戸新長田店が出店されている。
10) 西伊豆町営やまびこ荘は、廃校になった大沢里（おおそうり）小学校を利用した青少年宿泊施設である。

第 8 章

提 言
──縦割りを越える、市民の力を借りる──

　ここまで、地域の人口減少対策について、さまざまな視点から論じてきた。
　人口減少地域は厳しい状況にある。人口減少に伴い労働力人口が減少すれば税収も減少する。収入の減少に応じて自治体は行政改革を続けなければならず、自治体は職員数を減らさざるを得ない。このため、新しい人口減少対策を講じようとしても、自治体の財源もマンパワーも不足しがちである。
　一方、そのような厳しい状況の中でも、人口の大幅な減少を避けるために若年人口に居住してもらうための地域間の競争は既に始まっている。序章でも述べたが、引越しの奨励金を出すような対策は消耗戦に陥ることから、人口の自然減を緩和するために、子どもを生み育てやすい環境を整備することが望まれる。このため、他地域と比べて特徴のある育児支援対策を講じる必要がある。
　この難題を解くためには、まず、従来の縦割りを廃して、育児支援のためにできる限りの対策を講じる必要があると考えられる。「選択と集中」は企業戦略として語られることが多いが、人口減少地域でも必要ではないだろうか。ここでは、これまでに記述した内容を振り返りながら、縦割りを越えた対策について述べることにしたい。
　さらに、徹底した行革によって少子化対策を充実するとしても、自治体だけで行える対策には限度がある。人材についても、さらには資金面についても、市民の力を借りられるかどうかは重要な要素になると考える。また、地域包括ケアにおける生活支援はそもそも資金や人材が豊富にあったとしても自治体だけでは実施できない政策であり、また、育児や介護と仕事の両立支援策もまた、職場や地域の意識が変わる必要がある政策である。このため、本章の後半では、市民の力を借りるために何が必要であるかを述べることにしたい。

1　縦割りを越える

　人口が減少する地域では、子どもの人数が減少しつつある。第3章では保育サービスに焦点をあてたが、人口の過密な都市部では待機児童の問題が深刻であるのに対して、人口減少地域では待機児童はいないが、定員割れが続いて経営が持続できないために保育所がなくなりつつあることを指摘した。

　保育所がなくなれば、育児をする元気のある祖父母と同居しているようなケースを除き、夫婦がフルタイムで働きながら育児をすることができなくなる。それでは、大幅に定員割れの保育所についても、自治体が赤字を補填するなどの方法で存続させるべきだろうか。それは、人口減に伴う税収減に苦しむ自治体にとっては選択しがたい選択肢である。

　そこで、年齢による区分を取り払うエイジレスの観点から、子どものケアと高齢者のケアが統合されたケアの導入を提言した。人口減少の行き着く先では、子どもや現役世代に加えて高齢者の人口も減少する。しかし、子どもの人口は減少していても、高齢者の人口はまだ減少していない地域がまだ多いと思われることから、エイジレスに統合された在宅ケアを導入すれば、地域に保育の機能を残すことが期待できる。藤本健太郎（2012）でも述べたように、日本の社会保障政策は対象者ごとに縦割りの仕組みとして発達してきた。エイジレスに統合されたケアの導入は、言い換えれば高齢者福祉と児童福祉の縦割りを越えることでもある。厚生労働省においても、新福祉ビジョンにおいて、対象者の縦割りを越えた柔軟な運営が行えることが方向性として打ち出されている。地域の限られた資源を有効に生かすためにも、高齢者も児童も、さらには障害者も利用できるような在宅ケアの推進が望まれる。

　そして、保育所の運営は税金で行われている印象が強いが、実際には親の自己負担が重いことを述べた。医療や介護は応益負担という、使ったサービスに応じて負担する考え方であるのに対し、保育では応能負担という負担能力に応じて負担する考え方であるため、単純には比較できないものの、医療や介護は最大で3割負担なのに対し、保育では最大10割負担である。さらに負担能力については世帯収入で判断されるため、もし母親の収入が少なくても父親の収入

が高ければ重い保育料負担となり、働く母親のモチベーションを下げることを指摘した。保育料は現在では国は上限を定め、その範囲内で自治体が決定する方式になっていることから、財源を集中して保育料の負担を軽減することを提言した。

　第4章では、育児の経済的支援を取り上げた。かつては高齢者が経済的弱者であるとみなされていたが、世帯一人当たり平均所得のデータをみると、現役世帯の経済的余裕がないことを指摘した。依然として貧困に苦しむ高齢者はいるが、全体としてみると年金制度の成熟もあり、高齢者＝経済的弱者ではないことを指摘した。一方、若い世代が経済的に安定しないことは、非婚や少子化の背景になっていると考えられる。また、ユニセフのレポートによって、日本の子どもは相対的貧困率が高いことが指摘されたが、育児家庭の貧困が子どもの貧困につながっている。このため、高齢者に給付が偏重している社会保障を改めて育児世代の支援を充実すべきことを論じた。

　また、育児の経済的負担としては教育費の存在が大きい。少し古いデータになるが、平成21年版文部科学白書によれば、幼稚園から大学まですべて私立に通った場合、約2300万円がかかること、国公立の学校に通ったほうが授業料の負担は比較的軽いが、行革の名のもとに国立大学の授業料は上昇を続けていることを指摘した。そして、奨学金はようやく給付型が導入される動きがあるが、中心となっているのは有利子貸付であることを述べた。このため、地域独自の給付型奨学金をつくることなどを提言した。

　第5章では、地域包括ケアを取り上げた。地域包括ケアは介護保険法に基づいており、高齢者を対象とする施策であることから、育児支援策を論じる際に取り上げることに違和感を覚える人もいるかもしれない。しかし、出産年齢の上昇に伴い、かつては育児の後に介護をしていたものの、育児と介護を同時に行うことを余儀なくされるダブルケアの問題が広まっていることから、地域包括ケアも育児支援策として認識されるべきことを指摘した。また、長期化した少子化の結果として生産年齢人口の大幅な減少が見込まれる中、労働力人口の減少を緩和するためにも介護離職を減少させるべきであるが、そのためには、従来は要介護高齢者本人のニーズに専ら着目してきたことを改め、家族介護者の支援に力を入れるべきことを述べた。

第 8 章　提　言

　第 6 章では、両立支援策の充実について述べた。都市部よりも地方のほうが育児や介護と仕事の両立は比較的容易であることを述べて、育児や介護をしながら働く制約社員の地方への移住促進を提言した。両立支援という場合、従来、保育や在宅ケアの充実、育児休業・介護休業の充実などが議論されてきた。本章では、前章でも述べた地域包括ケアにおける両立支援に加えて、縦割りを越えて教育分野における両立支援策も論じた。2016 年 3 月の一億総活躍国民会議で菊池桃子委員が問題提起した PTA 活動が働く母親の負担になっているという問題には賛否両論があるが、PTA 活動が保護者の負担になっているという指摘は従来からある。PTA に事実上強制的に加入させられ、役員になることも強いられ、平日や週末の行事に駆り出されるという現状を変えることは、育児や介護との両立支援を進めるうえで重要な要素であることを述べた。また、働き方についても、保育スペースの隣で働くという新しいビジネススタイルが始まっており、両立支援の視点を盛り込んだ雇用の創出が望まれることを述べた。

　第 7 章では、まちづくりについて述べた。育児や介護と仕事の両立を支援するという観点から、たとえば商店街の空き店舗を利用し、統合された在宅ケアの拠点に加え、地域包括支援センターや地域子育て支援拠点を配置し、さらにはコミュニティカフェも誘致して、在宅ケアに関する公私の様々な拠点を集中することを提言した。また、保育スペースの隣で働くスタイルの雇用の場もあることが望まれることを論じた。そして、郊外におけるまちづくりの拠点として、廃校を活用することが一案ではないかと提言した。

2　市民の力を借りる

　人口減少地域では、率直に言えばヒトもカネも足りない。しかし、国や都道府県の助けを期待しても、国も都道府県も特定の市町村あるいは地域だけを助けることは公平性の観点から難しい。このため、自力で人口減少対策を講じる必要がある。そのためには、これまで述べてきたように市民の力を借りるしかないのではないか。

　市民の力を借りるには、市民に人口減少が進む現状や市町村には財源も人材

も不足していることを率直に伝えるしかないだろう。また、本書で述べてきたような、親の負担を軽減する保育支援や家族介護者の視点に立った地域包括ケアなど市町村ができることはすべてやり、徹底した行政改革も行うことは前提となる。奇跡の村と呼ばれる長野県の下條村では、まさに徹底した行政改革を行い、そのうえで村民の協力を得て、道路の補修などの公共事業にも市民の力を借りている。そして村の黒字化を実現し、捻出した財源によって、保育料の軽減や住宅まで含めた総合的な育児支援策を講じている。このような在り方は、過疎地における人口減少対策の一つの方向性であると考えられる。

1) 市民の力を借りるためのキーワード

自治体が市民の力を借りようとする場合、いくつか留意すべきキーワードがある。

① 「市民と対等の立場で協力する」

市民の力を借りるために最も重要なキーワードであると考えられる。市民ボランティアを自治体の下請けあるいは安価な労働力と捉えるようでは、公私連携がうまくいくはずがない。

ドイツは市民のボランティア活動がさかんな国であるが、ドイツ政府は市民との接し方には気を配っている。藤本健太郎（2012）において、筆者が2009年にドイツ連邦家庭省で行った多世代の家に関するヒアリング調査の結果を述べたが、連邦家庭省のボランティアとの付き合い方の指南も連邦政府の役割であり、どのように評価し、どのようにお礼をするか、決してお金だけが重要なのではないということを聞いた。[1]

愛知県高浜市では、「やらされ感が出てはいけない」という意識が徹底していた。自治体が指示することがないよう、市民が主体的に行動できる状態を保つことを心がけることは公私連携を進めるうえで不可欠な要素であると考えられる。

そして、自治体と問題意識を共有して、地域のために活動してくれる市民を見出す方法として、行政計画の策定に市民に参加してもらうことがある。かつては行政計画といえば、自治体と専門家が策定するものであったが、近年は市

民に参加を求めることが増えてきた。行政機関が方針を決めて市民が実行するのではなく、企画段階から市民の参加を得ることは、行政機関と市民との間に対等な関係を構築するためにも有意義であると考えられる。

② 「行政機関、市民、企業の間のトランスレーター（通訳）」を育成する

　市民の力を借りるためには、市町村と市民のコミュニケーションがスムーズであることが必要である。

　第6章において、福岡で長年、育児支援等の活動を行ってきた㈱フラウの濱砂氏へのヒアリング調査について述べた。その際、濱砂氏は市役所と企業、市役所と市民の間の通訳が必要であることも指摘した。同じ日本語を使っているとはいえ、それぞれが違うミッションや優先順位、価値観、時間軸で活動しているために意見の食い違いを生じることもある。そのために円滑な意思疎通を行うには、それぞれの言葉を理解する通訳が必要であるという指摘である。確かに行政機関と市民、企業の間ではなかなか話がかみ合わないことがある。その理由は、たとえば行政であれば公平性や公益性、企業では利潤追求や効率性、市民であれば目の前の地域課題の解決など、それぞれの目的や立場の違いにあると考えられる。使っている言葉が違う、言葉の使い方、優先順位の違いがあるというのは非常に興味深く思われた。考えてみれば行政機関では法律に関する専門の用語がよく使用され、企業では経済や金融などに関する専門用語が使われる。また、地域では特殊な用語や略語もあるだろう。このような用語の違いがコミュニケーションを阻害し、公私連携のハードルとなっている。双方のことを理解し、調整する通訳が必要という指摘は示唆に富んでいると思われた。

　第5章では公私連携の先進地域である高浜市の事例を紹介したが、JCに出向経験があり、市役所と企業の間の通訳の機能を果たしているキーパーソンがいることにも触れた。また、高浜市の特派員の仕組みは、担当区域に貼り付いて市民の窓口になるというものであるが、ヒアリング調査において、地元の祭りにも参加するなど、地元の日常的なイベントにも参加すると聞いた。そうすることで地元市民との共通言語を得ていくものと考えられる。すなわち、市役所と市民の間の通訳と位置付けることができる。

自治体と市民の間をつなぐ人材がいることは、自治体の問題意識を市民と共有するうえでも重要である。第1章では人口減少地域の事例として伊豆市の状況を述べたが、伊豆市から危機意識を発信しても、必ずしも市民に届いていないということを聞いた。また、2016年には筆者のゼミは静岡県の富士市から若者の定住促進に関する調査を受託し、その際に富士市企画課のスタッフと意見交換する機会を得たが、富士市でも、人口減少に対する危機意識を市役所内では共有したが、市民と意識を共有することはこれからの課題であると聞いた。人口の減少は、失業などと異なり、目の前ですぐ大きな問題にならないことから、市民と危機意識を共有することは容易ではないようである。自治体と市民の間の通訳をつとめられる人材を養成することは、問題意識をスムーズに共有することにもつながると期待される。

　このため、公私連携を推進するためには、行政機関、市民、企業の間で通訳をできる人材の育成が重要であると考える。

③　「都市部のビジネスパーソンの力を借りる」

　市民の力を借りる方法の一つとして、中間支援組織が介在する方法がある。

　その一つに、「プロボノ」がある。「プロボノ」とは、「公共善のために」を意味するラテン語「Pro Bono Publico」を語源とする言葉であり、職業上のスキルや専門的知識を生かしたボランティア活動である。日本では、認定NPO法人サービスグラントが推進している。

　サービスグラントは、プロジェクトマネジメント、調査、マーケティング、デザイン、ウェブ製作などのプロフェッショナルスキルを持った社会人に「プロボノワーカー」としてスキル登録をすることを呼びかけている。

　サービスグラントでは、NPOや地域活動団体から寄せられる助成申請について、審査のうえで採択をし、スキル登録をしたプロボノワーカーがチームを組んでサポートする。1チームあたり4〜6名で構成され、仕事に差し支えないように週5時間を目安に活動し、ミーティングは月1回程度にとどめ、活動期間も1〜6ヶ月と短めに設定されている。[2]

　サービスグラントの活動は2005年に東京でスタートし、2012年からは大阪・京都・神戸を中心とする関西エリアでも本格的にプロジェクトがスタートして

いる。やはり、スキルを持ったサラリーマンが多数いる都市部だからこそ、多くのプロボノワーカーの登録を得ることができると思われる。

　市民の力を借りることを人口減少地域における対策の柱として考えてからも、筆者が悩んでいたことがあった。それは、人口減少地域においては自治体の規模が小さく人手が足りないだけではなく、地域に暮らす人口も少ないことから、ボランティアになってくれる地域のマンパワーも足りないことである。たとえば、第1章で述べた伊豆市で学生と市民によるワークショップを行う際、伊豆市のスタッフに地元の育児支援に関するNPO等にも声をかけるよう依頼したところ、地元にそのような団体はないという回答があり、非常に驚いた。

　しかし、人口減少地域における人材不足を補う方法は、プロボノの活動にヒントがあった。

　2016年7月に、平成28年度の日本医療研究開発機構の長寿科学開発事業による補助事業「地域包括ケアシステム構築に向けた地域マネジメント力の強化手法ならびに地域リーダー養成プログラムの開発に関する研究」の一環として開かれた勉強会において、サービスグラントの代表である嵯峨生馬氏も講師をつとめていた。研究会の後に、筆者は個別に嵯峨氏と話をする機会を得たが、都市部にはプロボノワーカーになってくれる人が多くいるが、人口が減少している地域では人材を発掘することも容易ではないという話をしたところ、嵯峨氏から、ふるさとプロボノの活動を教えていただいた。

　ふるさとプロボノとは、旅費を実費で負担する必要があるが、東京でも関西でもない地域に都市部のプロボノワーカーが出向いて支援をする事業である。嵯峨氏によれば、北海道でも活動したことがあるとのことであった。

　ふるさとプロボノは、都市部のボランティアが地方で活動することができるという実例であり、市民活動の人材が不足する地域には有力なアイデアであると思われる。

　ここまで、市民の力を借りるためのキーワードをいくつか挙げて、人口減少地域において公私連携を進めるべきだと述べてきた。

　市民活動の担い手は、当面は団塊の世代など元気な高齢者に期待される。市

民活動の担い手は、ずっと市民だった人に限定されるわけではない。自治体のスタッフが定年後に地元のために活動することも期待される。

望ましいのは、ドイツのように、多くの世代がボランティア活動に参加できる状態である。幻影世代がボランティア活動に参加できるようにするためには、長時間残業が常態化している働き方を改革する必要がある。政府の進める働き方改革が進み、ワークライフバランスが実現すれば、現役世代もボランティア活動に参加し、地域において市民の力が発揮されやすくなる。

2) 資金不足について市民の力を借りる
① まちづくりのための出資、寄付

人口減少地域では、第1章で述べたように、労働力人口の減少に伴い、税収が減少する。

このため、人口減少対策を講じるにも、財源の問題がある。

奇跡の村のように、公共事業を市民に依頼して黒字化を図るというのは過疎地が生き残るための一つの方法であるだろう。

さらに、財源不足について市民の力を借りる方法として、寄付を募ることが考えられる。

寄付と言っても難しいと思う人も多いだろう。よく言われることは、欧米には寄付の文化があるが、日本には寄付の文化がないということである。確かに欧米ではキリスト教の考え方に基づき、富者が貧者に寄付をすることは道徳的義務であるのに対し、日本では経済的に成功した人は寄付をすることが義務であるとは認識されていないように思われる。

しかし、日本でも寄付が得られないわけではない。

富山市は上述のとおり、コンパクトシティの数少ない成功例として知られている。その中核を成すのはライトレールであるが、その立ち上げには市民からの寄付が募られている。藤吉雅春（2015）は、2004年に設立された株式会社富山ライトレールの出資金は、県と市が49.2％を出資しているが、50.8％（2億5,300万円）は民間からの出資であり、しかも、資本金が5億円を超えると大企業になって規制が厳しくなることから、あえて資本金は5億円未満に抑えたが、実際には、それ以上のお金が市民から集まったという森市長のコメントを紹介

している。[3]

　市民と対等の視点に立ち、市民の力を借りる姿勢を徹底すれば、財源の面でも力を貸してもらうことも可能である。

② 育児支援のために年金から寄付を募る

　地域の人口減少対策のために市民から募る寄付としては、育児支援のために年金から寄付してもらうことも考えられる。

　2005年に出した拙著『日本の年金』の中で、年金財政の持続可能性を高めるためには少子化対策が重要であることを論じ、育児の経済的支援を充実すべきことを説いた。すると、この本を読んでくれたJCの社会保障政策委員会のメンバーから声をかけてもらい、帯広の谷勝正人委員長をはじめ、全国から集まったJCメンバーと一緒に将来の年金の在り方について議論する機会を得た。

　最終的には陽の目を見ることはなかったが、JCの社会保障政策委員会のメンバーの発案によって、筆者も含めて、一度はこれでいってみようと考えた案は、年金から育児支援のために寄付を行うという内容であった。

　当時、JCの社会保障政策委員会の副委員長をつとめていたのは、筆者の高校の先輩でもある三浦和久氏である。本書の執筆にあたり、2015年夏にお会いした際、当時の議論の内容を確認させていただいた。

　2005年のJCの社会保障委員会の原案は、年金から月額1万円ずつ、育児支援のために寄付をしてもらうという案であった。

　ここで強調しておきたいのは、育児支援のために高齢者に年金から支援してもらおうというアイデアが、社会福祉関係者でもなければ、行政関係者からでもなく、JCのメンバーから出されたことである。社会保障とは直接に関係のない仕事をしている方たちから、高齢者に負担をしてもらって育児支援をしようというアイデアが出されたことに、筆者は大きく勇気づけられた。

　あるいはJCは育児世代が中心になって活動しているが、高齢者は育児支援に関心が薄いと考える人もいるかもしれない。確かに、メディアが報道する高齢者の声は、自分たちの老後の心配をするものが大半であり、若者の心配をしてくれる高齢者の声を聞くことは稀である。

しかし、日本の高齢者は若い世代のことを気にかけてくれていると考えられる調査結果がある。

藤本健太郎（2012）において、内閣府が平成22年度に実施した高齢者の生活と意識に関する国際比較調査（以下、内閣府（2011a）と呼ぶ。）の結果を引用した。内閣府（2011a）では、「今後、政府の政策全般において、高齢者や若い世代に対する対応をどのようにしていくべきだと考えますか。」という問いに対し、「高齢者をもっと重視すべき」、「現状のままでよい」、「若い世代をもっと重視すべき」、「わからない」の中から回答を選ぶ調査を行っている。

各国の高齢者の回答状況をみると、次のとおり、「高齢者をもっと重視すべき」という回答が最も多いが、スウェーデンと日本では半数を下回っており、比較的少ない。[4]

「高齢者をもっと重視すべき」と回答した人の比率
- アメリカ　　…　62.2%
- 韓国　　　　…　59.5%
- ドイツ　　　…　50.2%
- 日本　　　　…　49.0%
- スウェーデン　…　48.7%

一方、この問いに対して「若い世代をもっと重視すべき」と回答した比率は次のとおりである。

「若い世代をもっと重視すべき」と回答した人の比率
- アメリカ　　…　7.8%
- 韓国　　　　…　16.4%
- ドイツ　　　…　16.7%
- スウェーデン　…　23.8%
- 日本　　　　…　28.4%

このように、若い世代をもっと重視すべきと回答した高齢者は日本が最も多く、約3割にのぼっている。日本の高齢者は、他国の高齢者よりも、若い世代を重視してほしいと考えており、素直に頭の下がる思いであると書いた。

第 8 章 提 言

　この高齢者の国際比較調査は、平成27年度にさらに新しい調査が行われている（以下、内閣府（2016）と呼ぶ。）。前回の調査とは異なり、アメリカ、ドイツ、スウェーデン、日本の4ヶ国の比較調査であるが、設問は同じであるため、日本の高齢者の意識の変化もみることができる。
　内閣府（2016）によれば、どの世代を重視すべきかという各国の高齢者の意識は以下のとおりである[5]。

「高齢者をもっと重視すべき」と回答した人の比率
　　スウェーデン　…　57.6％
　　アメリカ　　　…　49.6％
　　ドイツ　　　　…　47.5％
　　日本　　　　　…　40.3％

　一方、この問いに対して「若い世代をもっと重視すべき」と回答した比率は次のとおりである。

「若い世代をもっと重視すべき」と回答した人の比率
　　ドイツ　　　　…　14.1％
　　アメリカ　　　…　16.8％
　　スウェーデン　…　20.4％
　　日本　　　　　…　37.5％

　前回の調査に比べ、アメリカにおいても高齢者よりも若い世代を重視すべきだとする傾向が強まっているが、日本においてはより顕著な変化がみられる。高齢者をもっと重視すべきと回答した比率の40.3％と、若い世代をもっと重視すべきと回答した人の比率の37.5％はほぼ拮抗している。各国の中で、最も若い世代のことを重視すべきだと考えている高齢者が多いのが日本であるといえる。
　もちろん、日本の高齢者が若い世代を重視しているからといって、ただ寄付を呼びかけてもうまくいかないだろう。これまで述べたように、自治体が縦割りを越えて、行政改革を徹底して捻出した予算を育児支援に集中して、なお足りない部分について、市民と対等の関係に立って寄付を呼びかけて初めて、寄

付に応じる機運は高まるものと考えられる。それでも、日本の高齢者は他国の高齢者よりもはるかに若い世代のことを気にかけてくれているのも事実である。経済的に余裕のある高齢者に対して、若い世代の支援のための寄付を呼びかけることは、有力な選択肢であるだろう。第4章において地域独自の奨学金制度の導入の有効性を論じたが、たとえば一人当たり月額1万円を年金から寄付してもらう仕組みをつくり、10名に賛同してもらえば、学生一人当たり月額5万円を給付する奨学金を二人の学生に給付できる。

3 地域から国を変える

本書では、人口減少対策について、国の政策よりも地域の取り組みに焦点をあててきた。

筆者はこれまでは主として国の政策に携わり、研究してきたが、地域の取り組みを考察することで、地域のできること、地域でなければできないことが多いことに改めて気づかされた。

医療や福祉の分野では地方分権が進み、保育料については、国は上限を定めるにとどまり、自治体に金額の設定が委ねられている。また、地域包括ケアシステムについては、地域の実情に応じて構築されることになっており、従来のように国が決めたことを地方が実施するというスタイルではなくなっている。このため、自治体によって住民が受けられる医療や福祉のサービスが異なることになるが、見方を変えれば、医療や福祉の分野では地域の特徴を出すことが可能である。

地域包括ケアシステムについては、第5章において、見守り支援などの住まいに関するソフト面の対策や買い物支援などの生活支援が重要であると述べたが、これらの支援は医療や福祉の専門家ではなく、市民が担うものである。このため、良い地域包括ケアシステムを構築するためには公私連携が欠かせない。また、学童保育の充実やPTA活動における親の負担軽減なども、行政機関だけでは実現は難しく、公私連携が必要であると考えられる。公私連携がうまく進むかどうかは地域の取組みにかかっている。

ところで、公私連携による独居高齢者の見守り支援や子どもの通学の見守り

などは、専門家によるサービスではなく、いわば「ノンプロフェッショナルサービス」である。また、経済学の用語でいえば、価格をつけることができない「市場で取引されない財」でもある。これらは資金も人材も不足がちな人口減少地域において、他地域と比べて特徴のある対策を講じるために必要であると考えられるが、人口の減少していない地域においても重要であると考えられる。たとえば、何らかの医療や介護のケアが必要な人も在宅で生活する方向に社会保障政策の舵は切られているが、どんな地域においても、ケアの必要な人が自宅で暮らすには日常生活における支援が必要である。子どもの通学時の見守り、小学生の放課後における学習支援なども、地域を問わず求められている。このような市民が主体となる「ノンプロフェッショナルサービス」は、現代に生きる私たちが安心して暮らすために必要となっており、人口減少地域において充実すれば、人口があまり減少しない地域にも波及することが考えられる。すなわち、人口減少地域の取組みが国全体を良い方向に変える契機になることも期待される。

　また、「市場で取引されない財」はGDPに計上されない。このため、「市場で取引されない財」が充実している地域は暮らしやすい地域であると思われるが、経済統計上は豊かではないかもしれない。GDPは暮らしを測る指標として機能していないのではないかという疑問は、国際的にも議論されている[6]。地域における公私連携によって生じる「市場で取引されない財」は、貨幣によって測ることのできない新しい豊かさにつながる可能性を秘めている。

　これまでに論じてきたように、人口減少地域でも保育の機能を維持し、育児の経済的支援を強化し、地域包括ケアや教育、まちづくりも含めて包括的に両立支援を行えば、単に若年人口を取り合う競争ではなく、若い世代が安心して結婚し、子どもを授かり、育児や仕事をしながら能力を発揮して働くことができるような地域に変えていけるのではないだろうか。

　そして、全国の各地で取組みが進めば、結果的に日本全体の出生動向が回復し、人口減少の緩和が期待できる。本書は地域の対策を議論してきたが、そのことが日本全体の人口減少対策につながることを願ってやまない。

［注］
1) ドイツ連邦家庭省が実施したモデル事業。かつての大家族のようなつながりを地域でつくろうとするもの。
2) サービスグラントのプロジェクトの進め方の詳細はホームページに掲載されている。(http://www.servicegrant.or.jp/program/process.php)
3) 藤吉（2015）pp. 79-80
4) 内閣府（2011a）p. 73
5) 内閣府（2016）p. 52
6) たとえばスティグリッツほか／福島訳（2014）

参 考 文 献

Diakonie (2008) "Die letzten Wochen und Tage"
FAO (2015)「世界の食糧不安の現状」
OECD (2015a)『図表でみる教育――OECD インディケータ (2015年版)』明石書店
OECD (2015b) "Employment Outlook 2015"
UNICEF (2012) Innocenti Research Centre Report Card 10 "Measuring child poverty"
UNICEF (2013) Innocenti Research Centre Report Card 13 "Children in the Developed World"

相川俊英 (2015)『奇跡の村――地方は「人」で再生する』集英社
饗庭伸 (2015)『都市をたたむ』花伝社
阿藤誠 (2006)「国際比較からみた日本の少子化と少子化対策」高山憲之・斉藤修編『少子化の経済分析』東洋経済新報社
天野馨南子 (2016)「未婚の原因は『お金が足りないから』という幻想――少子化データ検証 『未婚化・少子化の背景』は『お金』が一番なのか」ニッセイ基礎研レポート2016-9-05
池本美香 (2014)「子どもの放課後の未来――学童保育の現状と課題」『国民生活』2014年2月号
伊豆市 (2014)「明日の伊豆市を考える論点資料」
伊豆市 (2015)「伊豆市まち・ひと・しごと創生人口ビジョン」
今野浩一郎 (2012)『正社員消滅時代の人事改革』日本経済新聞出版社
姥浦道生 (2015)「地方創生を支える都市・農村空間のあり方――『コンパクト』シティから『サステナブル』シティへ」土地総合研究所編『明日の地方創生を考える』東洋経済新報社
大塚玲子 (2014)『PTA をけっこうラクにたのしくする本』太郎次郎社エディタス
大西隆 (2015)「縮小時代の国土政策――地方創生の課題と展望」土地総合研究所編『明日の地方創生を考える』) 東洋経済新報社
荻島國男・小山秀夫・山崎泰彦編著 (1992)『年金・医療・福祉政策論』社会保険新報社
加藤久和 (2016)『8000万人社会の衝撃――地方消滅から日本消滅へ』祥伝社
鬼頭宏 (2000)『人口から読む日本の歴史』講談社
厚生労働省 (2013)『平成25年版厚生労働白書』
厚生労働省 (2015)「誰もが支え合う地域の構築に向けた福祉サービスの実現――新たな時代に対応した福祉の提供ビジョン」
厚生労働省 (2016a)「保育所等関連状況とりまとめ」
厚生労働省 (2016b)「『平成27年度雇用均等基本調査』の結果概要」

厚生労働省年金局（2015）「平成26年度　厚生年金保険・国民年金事業の概況」
国立社会保障・人口問題研究所（2016）「第15回出生動向基本調査　結果の概要」
国立社会保障・人口問題研究所（2017）「人口統計資料集（2017年改訂版）」
財団法人都市計画協会（2007）『コンパクトなまちづくり』ぎょうせい
時事通信社編（2015）『全論点　人口急減と自治体消滅』
静岡県（2011）「平成23年度常設型『居場所』づくり推進事業に係る調査報告書」
白川泰之（2014）「社会保障としての住宅政策」藤本健太郎編著『ソーシャルデザインで社会的孤立を防ぐ』ミネルヴァ書房
スタインバーグ、チャド・中根誠人（2012）「女性は日本を救えるか」IMF Working Paper wp/12/248
スティグリッツ、ジョセフ・E., セン、アマルティア＆フィトゥシ、ジャンポール／福島清彦訳（2014）『暮らしの質を測る』金融財政事情研究会
総務省（2012）「平成23年度社会生活基本調査——生活時間に関する結果　要約」
総務省（2016）「平成28年度労働力調査」
高山憲之・斉藤修編著（2006）『少子化の経済分析』東洋経済新報社
高山憲之（2010）『年金と子ども手当』岩波書店
竹信三恵子（2011）「ジェンダー平等とワークライフバランス」『労働の科学』66巻7号
筒井孝之（2001）『介護サービス論——ケアの基準化と家族介護のゆくえ』有斐閣
津谷典子・樋口美雄編（2009）『人口減少と日本経済』
土井勉（2014）「コンパクトシティを志向した都市政策」藤本健太郎編著『ソーシャルデザインで社会的孤立を防ぐ』ミネルヴァ書房
東京都（2013）「推計人口資料第65号　東京都男女年齢（5歳階級）別人口の予測」
豊島区（2016）「豊島区人口ビジョン」
内閣府（2009a）「高齢者の地域におけるライフスタイルに関する調査」
内閣府（2009b）「平成21年度インターネット等による少子化施策の点検・評価のための利用者意向調査」
内閣府（2011a）「第7回高齢者の生活と意識に関する国際比較調査　結果全文」
内閣府（2011b）「平成22年度　結婚・家族形成に関する調査報告書　全体版」
内閣府（2015）「平成26年度　結婚・家族形成に関する調査報告書　全体版」
内閣府（2016）「第8回高齢者の生活と意識に関する国際比較調査　結果全文」
内閣府男女共同参画局（2016）「育児と介護のダブルケアの実態に関する調査報告書」
中澤渉（2014）『なぜ日本の公教育費は少ないのか』勁草書房
日本学生支援機構（2017）「日本学生支援機構について」
日本創生会議・人口減少問題検討分科会（2014）「ストップ少子化・地方元気戦略」
日本創生会議（2015）「東京圏高齢化危機回避戦略———一都三県連携し、高齢化問題に対応せよ」
東野定律（2014）「地域医療・介護を支える地域包括ケアシステムの展開」、「地域における居場所の必要性と役割」藤本健太郎編著『ソーシャルデザインで社会的孤立を

防ぐ』ミネルヴァ書房
広井良典（2013）『人口減少社会という希望』朝日新聞出版
福島都茂子（2015）『フランスにおける家族政策の起源と発展』法律文化社
福田素生（2002）「総合福祉保険制度による子育て支援」鈴木眞理子編著『育児保険構想』筒井書房
藤本真理（2014）「社会的孤立とワーク・ライフ・バランス」藤本健太郎編著『ソーシャルデザインで社会的孤立を防ぐ』ミネルヴァ書房
藤波匠（2016）『人口減が地方を強くする』日本経済新聞出版社
藤吉雅春（2015）『福井モデル――未来は地方から始まる』文藝春秋
増田寛也（2014）『地方消滅』中央公論新社
松田茂樹（2013）『少子化論』勁草書房
マルサス（1798）"An Essay on the Principle of Population"／斉藤悦則訳（2011）『人口論』光文社
三菱UFJリサーチ＆コンサルティング（2015）「人材を通じた技術流出に関する調査研究報告書（平成24年度経済産業省委託調査）」
宮島俊彦（2013）『地域包括ケアの展望』社会保険研究所
椋野美智子（2010）「少子化対策の課題と展望――少子化対策としての子ども・子育て支援」『週刊社会保障』No. 2592, pp. 126-131
文部科学省（2009）『平成21年版文部科学白書』
山崎泰彦（2002）「少子高齢社会と社会保障改革」鈴木眞理子編著『育児保険構想』筒井書房
山田昌弘（2009）『なぜ若者は保守化するのか』東洋経済新報社
山田昌弘（2012）『ここがおかしい日本の社会保障』文藝春秋
山本浩資（2016）『PTA、やらなきゃダメですか？』小学館
吉川洋（2016）『人口と日本経済』中央公論新社

藤本健太郎（2005）『日本の年金』日本経済新聞社
藤本健太郎（2008）「ドイツの介護保障」増田雅暢編著『世界の介護保障』法律文化社
藤本健太郎（2009）「社会保障の将来像――エイジレス化とネットワーク化」『週刊社会保障』No. 2527, pp. 44-49
藤本健太郎（2011）「望まれる育児支援の充実」『週刊社会保障』No. 2637, pp. 44-49
藤本健太郎（2012）『孤立社会からつながる社会へ』ミネルヴァ書房
藤本健太郎編著（2014）『ソーシャルデザインで社会的孤立を防ぐ』ミネルヴァ書房
藤本健太郎（2015）「制約社員が働きやすい社会へ――社会保障政策を中心とする政策の連動」『週刊社会保障』No. 2812, pp. 46-51
藤本健太郎（2016）「地域の人口減少対策」『週刊社会保障』No. 2869, pp. 54-59
藤本健太郎（2017）「育児の経済的支援――子ども保険への期待」『週刊社会保障』No. 2926, pp. 44-49

■著者紹介

藤本 健太郎（ふじもと・けんたろう）

　1967年　山口県出身。
　1991年　東京大学経済学部経済学科卒業。
　1991〜2002年　厚生省（当時）に入省し、年金局企業年金国民年金基金課企画係長、
　　　　　　　　社会・援護局企画課課長補佐、大臣官房政策課課長補佐等を歴任。
　1999〜2002年　在ドイツ日本国大使館一等書記官。
　2002〜2004年　内閣官房行政改革推進本部特殊法人等改革推進室参事官補佐。
　2004〜2008年　大分大学准教授。
　2008〜2016年　静岡県立大学准教授。
　2016年〜現在　静岡県立大学教授。

　主著　『日本の年金』（単著）日本経済新聞出版社、2005年。
　　　　『世界の介護保障』（共著）増田雅暢編著、法律文化社、2009年。
　　　　『孤立社会からつながる社会へ』（単著）ミネルヴァ書房、2012年。
　　　　『ソーシャルデザインで社会的孤立を防ぐ』（編者）ミネルヴァ書房、2014年。

Horitsu Bunka Sha

人口減少を乗り越える
―縦割りを脱し、市民と共に地域で挑む

2018年4月10日　初版第1刷発行

著　者　藤本　健太郎
発行者　田靡　純子
発行所　株式会社　法律文化社

〒603-8053
京都市北区上賀茂岩ヶ垣内町71
電話 075（791）7131　FAX 075（721）8400
http://www.hou-bun.com/

＊乱丁など不良本がありましたら、ご連絡ください。
送料小社負担にてお取り替えいたします。

印刷：中村印刷㈱／製本：㈱藤沢製本
装幀：石井きよ子
ISBN 978-4-589-03920-0
Ⓒ2018 Kentaro Fujimoto Printed in Japan

JCOPY　〈(社)出版者著作権管理機構 委託出版物〉
本書の無断複写は著作権法上での例外を除き禁じられています。複写される
場合は、そのつど事前に、(社)出版者著作権管理機構（電話 03-3513-6969、
FAX 03-3513-6979、e-mail: info@jcopy.or.jp）の許諾を得てください。

杉田菜穂著
人口論入門
―歴史から未来へ―
A5判・138頁・2100円

人口現象とそれに関連する政策課題を、人口論の歴史を通して考察。優生-優境の時代に生きる私たちは、その産物としての高齢化、人口減少、都市集中にどのように立ちむかうのか――全12章編成。参考文献案内付。女性のライフスタイル、母性保護論争にも論及。

松本伊智朗編
「子どもの貧困」を問いなおす
―家族・ジェンダーの視点から―
A5判・274頁・3300円

貧困の本質は「構造的な不平等」である。子どもの貧困を生みだす構造のなかに家族という仕組みを位置づけ、同時に歴史的に女性が負ってきた社会的不利を考察、論究する。「政策」「生活の特徴と貧困の把握」「ジェンダー化された貧困のかたち」の3部12論考による貧困の再発見。

丹羽徹編
子どもと法
A5判・186頁・2400円

貧困や成年年齢引き下げ動向等をふまえて、「子ども」の権利を全般的に概説。総論では子どもの権利と人権との関わり、法律用語を解説、各論では家庭、学校、社会の各場面で子どもが出あう法の具体的あり様を論じる。

椋野美智子・藪長千乃編著
世界の保育保障
―幼保一体改革への示唆―
A5判・254頁・2500円

ポスト工業社会の中、子ども・子育て支援政策の充実への要請は世界的な趨勢となっていることをふまえ、フランス、デンマークをはじめ主要5カ国の保育・幼児教育にかかわる政策を考察。改革途上にある日本へ示唆を提供する。

増田雅暢編著
世界の介護保障〔第2版〕
A5判・232頁・2600円

世界10カ国の介護保障システムについて高齢化や家族形態、さらには社会保障制度の発展などをふまえ比較的視点から解説。旧版刊行(2008年)以降、改変が続く制度の概要を詳解し、今後の課題と方向性を探る。

河合克義・長谷川博康著
生活分析から政策形成へ
―地域調査の設計と分析・活用―
A5判・230頁・3300円

国民の生活実態を調査という手法を用いて把握し、その実態に根ざした政策を考え、新たな政策をつくるまでの手順を解説。実際のデータを素材に、調査の各段階を具体的に説明。社会福祉協議会や自治体職員、NPOに有益な一冊。

――法律文化社――

表示価格は本体(税別)価格です